프루스트 현상에서 루쿨루스 심판까지
음식속에 담긴 과학과 문화에 대한 재밌는 상식

미식사전

초판 인쇄 2018년 6월 1일
초판 발행 2018년 6월 7일

지은이 박진환
펴낸이 박형희
펴낸곳 한국외식정보(주)

총괄 기획 육주희
진행 안지현 / **편집** 홍주연

주소 (138-808)서울특별시 송파구 중대로 174(가락동, 현대파크빌)
전화 02-443-4363 / **팩스** 02-448-4820
홈페이지 www.foodbank.co.kr / **페이스북** facebook.com/month.food
등록 1997년 11월 24일 제16-1561호

ISBN 978-89-87931-47-0
가격 15,000원

Published by korea food service information, co. LTD. Printed in Korea
Copyright © 2018 박진환&WolganSikdang, Inc.
이 책의 저작권은 한국외식정보(주)에 있습니다.
저작권법에 의해 보호를 받는 저작물이므로 무단 복제 및 무단 전재를 금합니다.

이 도서의 국립중앙도서관 출판예정도서목록(CIP)은 서지정보유통지원시스템 홈페이지(http://seoji.nl.go.kr)와 국가자료공동목록시스템(http://www.nl.go.kr/kolisnet)에서 이용하실 수 있습니다.(CIP제어번호: CIP2018016121)

미식사전

저자 박진환

**프루스트 현상에서 루쿨루스 심판까지
음식속에 담긴 과학과 문화에 대한 재밌는 상식**

한국외식정보

책을 펴내며

　2007년 발행한 《음식이야기》 이후 10년 만에 새로운 책을 준비했다. 첫 번째 책을 냈을 때의 자신감과는 달리 이번 책 《미식사전》은 원고를 진작 완성해 놓고도 오랜 퇴고와 망설임 끝에 출간하게 됐다. 혹여 담지 못한 내용이 있나 긴 시간을 두고 고민한 이유에서다.

　이 책은 미식에 관한 이야기를 총 3코스로 구성했다.
　1코스 미식 과학은 맛과 관련해서 과학계의 연구를 소재로 삼았다. 미각이 단순히 개인의 기호나 취향의 영역을 넘어 인간의 생존과 밀접한 관계가 있다는 사실을 과학적으로 증명·규명하고자 노력했다. 2코스 미식 인문학은 음식에 대한 문화적 코드를 이해할 수 있도록 했으며, 3코스 조리 과학은 요리과정에서 일어나는 여러 현상을 이해하고 바람직한 식문화로 접근할 수 있는 방법을 설명했다.
　1년 1095끼. 80년의 세월을 보낸 사람이 일생동안 먹고 마시는 총량은 자신 몸무게의 1600배라고 한다. 프랑스의 미식가 브리야사바랭Brillat Savarin은 "당신이 어떤 것들을 먹는지 알려주면 당신이 어떤 사람인지 알려 주겠다"고 했다.
　음식은 그 자체만으로 인간의 삶과 같이 끊임없이 진화해 온 생동감 있는 문화다. 식습관을 통해 취향, 성장환경, 교육의 정도, 경험적 공간, 종교, 가치관, 사회적 정체성, 섹스 습관, 심지어 개인적 야망과 인간관계까지도 알 수 있다. 향토음식의 지역적 경계마저도 지역의 언어·방언을 구분하는 경계와 일치한다.

음식문화는 그 나라 자연환경의 영향을 받으면서 오랜 역사의 흐름 속에서 형성되었기 때문에 전통과 다양성이 공존한다. 과거와 미래를 공유하는 것도 음식문화다.

음식과 함께 하면 소통이 더 수월하게 이뤄지는 음식문화의 시대가 도래 했다. 음식이 있는 자리에서 소통이 훨씬 잘 이루어지고 큰 성과를 내는 결과를 볼 수 있다. 또한 음식은 단순한 본능이 아닌 과학적으로 규명할 수 있는 영역으로까지 확장됐다. 아는 만큼 맛있고, 새로운 맛의 경험을 통해 인간의 궁극적 목표인 행복과 만족감에 이르게 된다.

필자는 이 책이 음식문화를 이해하는데 조금이나마 도움이 됐으면 하는 마음으로 긴 시간 신중하게 준비했다. 이제껏 다루지 않았던 음식문화에 담긴 가치를 이야기하고, 단순 음식이 아닌 인간의 삶을 남은 문화를 전달하고자 하는 마음이었다.

책 발간을 위해 갖가지 자료와 조언을 잊지 않은 월간식당 박형희 대표님과 문인협회 구석본 회장님, 영남일보 이은경 부국장을 비롯해 긴 시간 출판을 맡아 진행해주신 월간식당 육주희 국장님께 감사 인사를 드린다.

2018년 5월
박 진 환

CONTENTS

펴내는 글 _ 4

1코스
미식 과학

가르시아 효과 Garcia Effect — 13
마이야르 반응 Maillard Reaction — 15
미각과 후각 Taste and Smell — 19
미맹 Taste blindness·味盲 — 24
분자미식학 Molecular gastronomy — 29
스코빌 지수 Scoville Heat Unit — 32
오찬 효과 Luncheon effect — 36
이탈리아 요리 Italian dishes — 40
위안 음식 Comfort food, Soul food — 44
음식의 온도 Temperature of Food — 48
프루스트 현상 Proust phenomenon — 52
브릭스 Brix — 55
음식의 과학 Food Science — 59
미각 중독 Taste addiction — 63
색채 미각 Color taste·色彩味覺 — 66
음식의 심리 The Psychology of Food — 70
제6의 미각 Kokumil — 73
파이토케미컬 Phytochemical — 76

2코스
미식 인문학

루쿨루스 심판 The Judgement on Lucullus	83
금기식품 Taboo Food	86
디아스포라의 음식 Food and Diaspora	89
에스닉 푸드 Ethnic food	93
애피타이저 Appetizer	97
점심 Lunch	103
컨템퍼러리 퀴진 Contemporary cuisine	108
한·중·일 젓가락 삼국지 Chopsticks	112
비빔밥 Bibimbap	116
할랄식품 Halal food	121
코셔 Kosher	126
품격 있는 식사 1 A Fine Meal	131
품격 있는 식사 2 A Fine Meal	135
음식문화의 상대주의 Food Culture Relativism	139
카르마 음식 Karma food	143
투르느도 로시니 Tournedos rossini	147
페라나칸 퀴진 Peranakan cuisine	151
오뜨 퀴진 Haute cuisine	155
퀴진 뒤 떼루와 Cuisine du terroir	155
누벨 퀴진 Nouvelle cuisine	155

3코스
조리 과학

세계 3대 수프 World Top 3 Soup	**163**
드라이에이징 Dry aging	**168**
맛의 방주 Ark of Taste	**173**
소금 Salt	**178**
올 어바웃 소고기 All about Beef	**182**
수비드 Sous-vide	**189**
MSG Monosodium L-glutamate	**193**
술 Liquor, Alcoholic drink, Wine	**196**
스시 Sushi·すし	**203**
식해와 ·식혜 食醢, 食醯	**208**
짜장면 그리고 짬뽕 Jjajangmyeon&Jjamppong	**213**
파베르제의 달걀 Faberge eggs	**217**
피자의 규격 Pizza standard	**222**
커리 Curry	**227**
스핏 로스팅 Spit-roasting	**233**

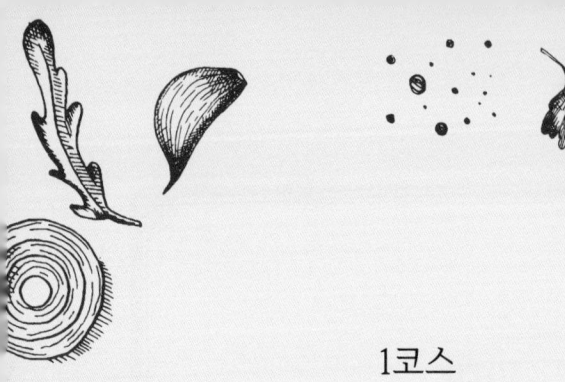
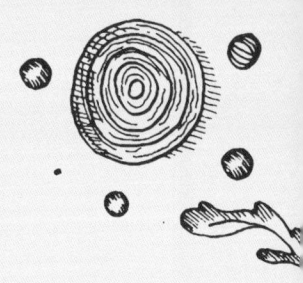

1코스
미식 과학

가르시아 효과 Garcia Effect _ 13
마이야르 반응 Maillard Reaction _ 15
미각과 후각 Taste and Smell _ 19
미맹 Taste blindness·味盲 _ 24
분자미식학 Molecular gastronomy _ 29
스코빌 지수 Scoville Heat Unit _ 32
오찬 효과 Luncheon effect _ 36
이탈리아 요리 Italian dishes _ 40
위안 음식 Comfort food, Soul food _ 44
음식의 온도 Temperature of Food _ 48
프루스트 현상 Proust phenomenon _ 52
브릭스 Brix _ 56
음식의 과학 Food Science _ 60
미각 중독 Taste addiction _ 63
색채 미각 Color taste 色彩味覺 _ 66
음식의 심리 The Psychology of Food _ 70
제6의 미각 Kokumi _ 73
파이토케미컬 Phytochemical _ 76

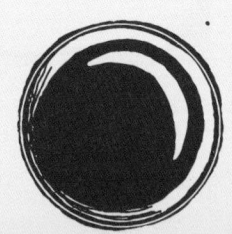

\ 본능과 경험이 내린 생존을 위한 선택 /

가르시아 효과
Garcia Effect

모처럼 생선회를 먹었는데 배탈이 나거나 속이 불편한 경험을 했다면 다음부터는 생선회를 피하게 된다. 가르시아 효과Garcia effect다. 가르시아 효과는 특정한 음식을 먹은 후 구토나 복통 같은 불쾌함을 경험한 뒤에 본능적으로 먹어도 될 것과 먹어서는 안 될 것을 인식하는 현상이다. 인간을 비롯한 모든 유기체들이 가지고 있는 생존 본능이다.

사람과 동물은 자기의 생명을 위협하는 먹을거리를 한 번만의 경험만으로도 구별해내는 놀라운 재능이 있다. 즉, 인간의 이성적인 판단보다는 학습 효과에 따른 본능과 감각에 의해 내린 결정이 옳을 때가 훨씬 많다.

인류는 먹을거리가 안전한지에 대한 판단 기준을 과학적으로 계속 규명하고 있지만 역사적 경험에 의해 안전한 기준을 찾는 경우가 많다. 사람들은 오랜 시간 먹어왔던 것이 안전하다고 믿는다. 그러나 문화가 본능을 극복하기도 한다. 커피에는 상당수의 사람들이 싫어하는 쓴맛이 있다. 그러나 사람들은 학습에 의해 커피의 쓴맛이 독이 아니라는 사실을 알게 됐으며 거부감도 급격하게 줄었다. 본능도 학습, 즉 문화에 의해 어느 정도 극복이 가능하다. 더 나아가 뛰어난 효능이 있으면 적극적으로 찾게 된다.

가르시아 효과와는 정반대의 효과도 있다. 바로 어머니가 해주신 맛에 대한 기억이다. 음식은 기억의 맛이다. 우리는 어린 시절부터 어머니가 만들어 주신 음식의 맛에 대부분 길들여져 있다. 좋아하는 음식은 그동안 먹었던 어머니의 음식과 관련이 있다. 그 음식이 가장 편안한 음식으로 머릿속에 각인돼 버린 것이다. 음식 맛이 있고 없고는 문제가 되지 않는다. 단지 기억 속 어머니가 해주신 음식을 떠올리면 편안함을 느끼게 된다.

간혹 식당을 들렀다가 익숙한 냄새가 나면 어릴 적 먹던 음식이 연상되면서 입에 침이 고이게 되는 것도 파블로프의 조건 반사와 같은 이치다. 특히 음식 냄새는 여러 기억이 함께 연결되어 재생된다. 다른 감각은 중간 과정을 거쳐 인지되지만 후각은 중간 단계 없이 정보가 뇌로 바로 전달된다. 뿐만 아니라 후각은 감정과 기억을 담당하는 뇌에 연결되어 있다.

그래서 나이가 들수록 어릴 적 철없이 싫어했던 음식이 어른이 되어서 좋아지기도 하고 비로소 알 수 있는 맛도 있다. 음식도 나이가 들수록 예전에 먹었던 것들이 그리워진다. 특별하지도 않고 오히려 허전해 보일지라도 옛날에 먹어본 것 같은 희미한 기억을 간직한 맛이 인생을 행복하게 해주는 최고의 맛이다.

\ 식품의 여러 성질이 열을 만나 풍미를 높이다 /

마이야르 반응
Maillard reaction

마이야르 반응Maillard reaction이란 식품의 성분 간에 일어나는 화학 반응이다. 식재료에 열을 가했을 때 대부분 갈색으로 변하는데, 이것이 '캐러멜화 반응'과 '마이야르 반응' 때문이다.

캐러멜화Caramelization는 당의 농후액을 가열하면 분해 반응을 일으켜 갈색으로 착색하는 것이며, 마이야르 반응은 단백질과 함께 당분이나 당으로 변형된 전분이 열을 만나면 짙은 향기를 형성하는 현상이다.

로스팅한 향긋한 커피, 겉면이 노릇노릇하게 변하면서 고소한 향기를 내는 빵, 크리스피하게 겉면을 익힌 스테이크 등이 이러한 반응을 거치면서 풍미가 살아나는 것이다.

음식의 맛을 느끼는 과정은 후각, 시각, 미각, 촉각으로 진행된다. 후각을 통해 음식 자체의 냄새를 먼저 감지하고, 그 음식의 모양과 색깔을 통해 시각적인 맛을 발견한다. 마지막으로 혀와 입으로 맛을 느낀다.

▲ 고기는 열을 가하면 일어나는 마이야르 반응을 통해 100여 가지의 향미를 만들어 낸다.

인간이 인지하는 맛은 맛과 향미로 나눌 수 있다. 맛은 혀의 미뢰가 감지하는 것으로 단맛·신맛·짠맛·쓴맛·감칠맛 5가지다. 향미는 코의 후각기관이 감지한다. 음식을 맛있게 느끼는 것은 맛보다 향미가 훨씬 더 큰 비중을 차지한다. 음식의 향기를 느끼는 코는 혀가 맛을 느끼는 것보다 몇십 배는 더 세밀하게 맛을 감지한다. 음식의 맛은 미각으로 느끼지만 후각과 합쳐져야 훨씬 더 복합적인 맛을 느낄 수 있기 때문에 '맛'이란 표현보다 '향미'라는 표현이 더 적합하다.

마이야르 반응은 1912년에 프랑스의 생화학자 루이 카미유 마이야르 L.C.Maillard, 1878~1936가 처음 발견한 화학반응으로 그의 이름에서 유래했다. 영미권에서는 마일라드 반응, 메일라드 반응 등으로 부른다. 식품 속에 포함된 당 성분과 단백질 성분이 고온의 열을 만나 화학적 반응을 일으켜 갈색Melanoidin으로 변하며 수많은 향기 물질을 만들어 내는 현상이다. 고기에 열을 가하면 표면에서 수분이 증발하고 뜨거워지면서 100여 가지의 향미가 만들어지는 마이야르 반응이 일어난다. 끓는 물에 익힌 수육보다 구운 고기가 더 향기롭고 맛있는 이유다. 마이야르 반응은 갈색으로 변한다고 해서 브라우닝 반응Browning reaction이라고도 한다.

고기를 센 불로 먼저 구워 표면에 크러스트를 만드는 것을 시어링Searing이라고 한다. 육즙을 가두기 위해서라지만 반대로 육즙의 손실을 더 크게 할 수도 있다. 실제로 시어링을 했다고 하는 고기에서 육즙이 고기 밖으로 빠져나오며 뜨거운 팬에서 수증기로 변해 지글거리는 소리를 내는 것을 많이 보았을 것이다. 따라서 고기 안쪽은 살짝 구워 육즙의 손실을 막고, 고기 겉면은 크러스트가 생길 정도로 구워 겉은 바삭하고 속은 부드러우면서 독특한 향기와 복합적인 맛을 만들어내는 마이야르 반응을 유도해 내는 것이 고기를 가장 맛있게 굽는 방법일 것이다.

인간의 동물적 본능을 충족시켜주는 스테이크는 구이Roast를 의미하는 노르웨이 고어인 스테이크Steik에서 유래했다. 스테이크는 고기를 자른 방식을 의미한다. 스테이크는 근섬유 반대 방향으로 2~2.5cm 정도의 두께로 잘라야 제맛을 느낄 수 있다. 미디엄 레어 정도로 구웠을 때 겉은 풍미를 품고 속은 촉촉해 가장 맛있다.

스테이크를 굽는 방법은 완벽한 과학의 원리다. 고기의 두께는 최소한

1.3cm 정도가 돼야 뒤틀리지 않고 골고루 구워진다. 고기는 굽기 20분 전에 냉장고에서 꺼내 상온에 두어야 표면과 속의 온도차가 크게 나지 않아 골고루 익는다. 굽기 5~30분 전에 소금을 뿌려두면 고기 표면에서 수분이 빠져나와 고기를 단단하게 만든다.

프라이팬이나 그릴을 중불에 올려 충분히 달군 뒤 고기를 얹는다. 표면에 육즙이 송송 맺히고, 손가락으로 눌렀을 때 사람의 턱을 만지는 정도의 촉감일 때가 레어Rare로 익은 것이다. 좀 더 익혀 코 정도의 탄력이 느껴지면 미디엄Medium이고 이마와 비슷한 촉감이면 웰던Well-done이다. 고기에 열을 가하면 단백질 섬유가 응고하면서 세포 안의 수분을 표면으로 밀어낸다. 땀처럼 맺히는 이것이 스테이크의 생명인 육즙이다. 스테이크는 구운 후 바로 자르면 육즙이 다 빠져서 맛이 떨어진다. 접시에 스테이크를 옮겨 담고 3~4분 정도 쉬게 하는 레스팅Resting을 거쳐야 육즙이 다시 고기 안으로 고루 퍼져 촉촉한 스테이크를 즐길 수 있다.

\ 맛의 기억을 지배하다 /

미각과 후각
Taste and Smell

맛을 인지하는 인간의 감각에는 촉각·후각·미각·시각 등이 있다.

촉각은 피부에 닿아서 느껴지는 압력의 변화를 전기적 신호로 바꾸어 인식하는 감각으로 압각壓覺, 통각痛覺 등을 말한다. 후각은 공기 중에 있는 화학물질이 서로 다른 전기적 신호의 조합을 이루어 코의 말초신경을 자극해 생기는 감각이다.

미각은 혀에 분포해 있는 맛봉오리인 미뢰가 침 또는 수용액에 녹아 있는 화학물질을 서로 다른 전기적 신호의 조합으로 느끼는 감각이다. 단맛·짠맛·신맛·쓴맛의 네 가지 기본 미각을 말한다.

네 가지 기본 맛으로 표현할 수 없는 감칠맛은 1908년 일본의 화학자 이케다 기쿠나에池田菊苗, 1864~1936 교수에 의해 발견된 맛으로 일본어로는 우마미Umami·うま味, 중국어로는 선미Xianwei·鮮味, 영어로는 세이버리 테이스트Savory taste·감치는 맛라고 한다.

◀ 맛있다는 이미지는 혀에서 느끼는 미각뿐만 아니라 음식의 시각적 모양에서 먼저 '맛있다, 맛없다'라는 것을 지각하는 것이다.

감칠맛은 기본적으로 맛의 균형을 유지하고 광범위하게 맛을 높일 수 있다. 또한 요리의 완성도를 높이며 맛의 공백을 없앤다. 감칠맛은 순하지만 뒷맛이 있어 지속적으로 침샘을 자극한다. 음식이 혀의 미각세포에 닿으면 세포에서 전기신호가 만들어지고 수소 이온과 나트륨 이온이 세포막을 자극해 각각 신맛과 짠맛을 느낀다. 그러나 단맛과 쓴맛, 감칠맛은 그 맛을 가진 화학물질이 단백질 성분의 수용체와 결합해 느낀다.

음식이 혀에 닿는 순간부터 미각을 느끼기까지는 1~2초 이내의 아주 짧은 순간으로 실제 그 시간 차이를 알기는 쉽지 않지만, 정확하게는 짠맛, 단맛, 신맛, 쓴맛 순으로 느끼게 된다. 맛을 느끼는 시간은 혀의 넓은 면적이 동시에 자극을 받을 때 가장 짧고, 미각에 자극이 사라진 후에도 미각에 남는 잔상은 쓴맛이 비교적 길다.

오랜 시간 맛을 보면 미각이 둔감해진다. 미각은 맛이 비슷한 음식에 대해 1~5분 동안은 거의 반응하지 않는다. 그러나 실제 음식물을 씹고 있으면 음식물 속의 다양한 미각 물질이 침에 의해 연속해서 녹아 나오기 때문에 그 음식 고유의 맛을 느낄 수가 있다. 인간은 최대 200가지의 복합적인 맛을 구분할 수 있다.

미각은 음식의 온도, 혀에 닿는 느낌, 통각 신경섬유 등의 영향을 받아 종합적으로 맛을 감지한다. 혀는 맛을 보는 동시에 온도와 촉각을 느낀다. 그리고 이를 음식 맛의 평가에 반영한다.

보기 좋은 떡이 먹기도 좋다고 하는 것처럼 시각 역시 미각에 많은 영향을 미친다. 시각은 맛, 냄새, 이미지 등 다른 감각들과 연상 작용을 일으킨다. 음식이 맛있게 보이는 것은 시각에 의해 감지되는 이미지 때문이다. 음식의 맛은 음식의 온도, 굳기, 점도 등의 물리적인 조건뿐만 아니라 모양, 향기, 색깔 등에 의해도 영향을 받는다.

'맛있다'는 이미지는 혀에서 느끼는 미각뿐만 아니라 음식의 시각적 모양에서 먼저 '맛있다, 맛없다'는 것을 지각한다. 시각적으로 느끼는 음식의 조화, 담음새, 식탁과 그릇, 식탁에 차려진 기물의 배치 등도 미각에 영향을 준다. 맛의 메커니즘은 후각을 통해 각 음식의 냄새를 감지하고 시각을 통해 이미지를 가지게 된다. 각각이 가지는 특유의 향을 빼면 질감만 다르게 느껴질 뿐 맛을 구별할 수가 없다. 눈을 감고 코를 막은 다음 양파와 사과를 같은 모양과 크기로 잘라 먹게 했을 때 맛의 차이를 느낄 수 없다.

　음식의 맛은 미각과 후각이 함께 작동해야 느낄 수가 있다. 음식을 섭취했을 때, 후각이 자극됐을 때 경험하는 느낌을 향미라고 한다. 먹기 전에 맡는 냄새뿐만 아니라 씹고 삼키는 중에 코 안쪽에서 올라오는 냄새 또한 음식의 맛에 영향을 미친다. 음식 맛은 코의 후각기관과 혀의 미각기관 그리고 코의 내부 막에 존재하는 여러 가지 수용체에서 비롯된 감각 반응의 조합이다. 실제 맛은 코와 후각기관 자극과 결합된 혀에 의해 결정된다.

　《맛의 생리학》(1825)의 저자 장 앙텔름 브리야샤바랭Jean Anthelem Brillat-Savarin, 1755~1826은 후각과 미각이 같은 감각기관임을 강조했다. 음식의 맛을 느끼는 과정의 첫번째 단계는 후각을 통해 음식 자체의 냄새를 감지하고, 그 음식의 모양과 색을 통해 시각적인 맛을 발견하는 것이다. 두 번째 단계는 입안으로 들어간 음식물이 치아, 혀, 잇몸, 침 등의 도움으로 맛있는 혹은 무미無味의 분자로 용해되어 즙이나 죽의 형태로 변형된다. 세번째 단계는 즙이나 죽으로 변형된 음식의 향이 코로 발산되고 일부는 혀의 중심에 모여 미각을 체험한다고 한다.

　음식의 향기를 느끼는 코는 혀가 느낄 수 있는 맛보다 몇십 배 더 세밀하다. 음식의 맛은 기본적으로 미각이 느끼지만 후각과 합쳐져야 복합적인 맛을 느낄 수 있기 때문에 맛이란 표현보다 향미라는 표현이 더 적합하다.

　음식의 향미는 우리가 무슨 음식을 어떻게 먹어야 할지에 대한 정보를 준다. 인류학과 진화생물학 분야의 연구를 보면, 인류의 조상은 영양이 풍부한 음식과 독성이 있는 음식을 가리기 위해 향미에 대한 감각을 발달시켰다고 한다. 예컨대 인간의 혀가 단맛, 짠맛, 쓴맛, 신맛 그리고 향이라는 근원적인 맛에 대해 민감한 이유는 영양가 있는 음식과 독성이 있는 음식들의 향미가 다르기 때문이라는 것이다.

누구에게나 기억은 존재한다. 특히 어릴 적 어머니가 해 주신 음식은 오랫동안 남는 추억이다. 어릴 적 먹었던 엄마의 음식을 떠올리게 하는 음식을 만나면 자신도 모르게 편안함을 느낀다.

익숙한 냄새가 나면 자신도 모르게 엄마표 음식이 상상되면서 입안에 침이 고인다. 기억난 냄새는 모든 이미지와 연결되고 대부분 그 이미지를 언어로 표현한다. 냄새는 인간의 의식적인 사고 과정을 거치지 않고 무의식적으로 작용한다. 냄새를 통해 과거를 회상하는 것을 프루스트 현상Proust phenomenon이라고 한다. 냄새는 감정과 기억에 직접적으로 영향을 미친다. 음식의 맛은 단순히 혀와 침이 섞이는 화학 작용이 아니고 후각과 기억에 의해 결정되는 것이 대부분이다.

\ 미각이 사라지다 /

미맹
Taste blindness, 味盲

미맹Taste blindness의 사전적 의미는 '정상인이 느낄 수 있는 맛을 전혀 느끼지 못하거나 다른 맛으로 느끼는 일'이다. 또는 미맹Ageusia이라고 해서 '미각이 상실된 상태'를 의미하기도 한다. 색채를 식별하는 감각이 불완전해 빛깔을 가리지 못하거나 다른 빛깔로 잘못 보는 상태를 색맹色盲이라 하듯이 미각 능력이 결여된, 미각을 잃은 상태의 사람을 미맹이라고 한다. 미맹은 특정화합물, 예를 들어 페닐티오카바마이드Phènylthiocárbamide : PTC에 대한 미맹으로 강한 쓴맛을 느끼는 미맹, 전혀 쓴맛을 느끼지 못하는 미맹, 쓴맛 이외의 맛을 느끼는 미맹이 있다.

미맹은 통계학적으로 전체 인구의 10~30% 정도로 인종에 따라 백인 집단은 25%, 일본인 집단은 10~12%, 중국인 집단은 5% 이내, 한국인 집단은 15% 정도가 된다. 즉 미맹 비율은 인종적 변이로 볼 수 있다고 한다. PTC 미맹은 열성 형질로 멘델의 유전법칙에 의해 유전된다고 추정하고 있다. 침 속의 PTC

용액 효소의 부족이 원인이라는 주장도 있다.

미각이 상실된 상태의 미맹Ageusia은 후각이 손상되면서 2차적으로 나타나는 경우가 많다. 또한 미각 소실은 질병이나 약물의 영향도 크다. 항류마티즘 약제나 항암제 등과 고혈압 약제인 캡토프릴Captopril, 당뇨병이나 갑상샘기능저하증, 악성 종양, 방사선치료, 그리고 입이 마르고 눈이 건조한 증상이 발생하는 만성 자가면역질환인 쇼그렌 증후군Sjogren's syndrome도 모두 미각 소실을 일으키는 것으로 알려져 있다. 일시적으로 비타민 A, B군이 부족하거나 항히스타민제 등이 함유된 감기약, 알레르기 약 등 입을 마르게 하는 약물을 복용했을 때나 축농증이나 비염 등으로 후각에 이상이 있을 때도 미각이 떨어지는 경우가 있다.

입으로 느끼는 맛은 단맛·짠맛·쓴맛·신맛·감칠맛 정도에 불과하지만, 음식의 향기 물질이 휘발되면서 극소량의 향이 입 천장의 코와 연결된 작은 통로를 통해 후각을 자극해 훨씬 더 다양한 맛을 느낄 수 있다. 실제로 코를 막고 음식을 먹으면 맛은 희미해지고 불완전해진다. 음식을 먹을 때 코로 올라가는 공기를 차단해도 맛은 사라진다. 실제로 미각이 아닌 후각이 음식의 맛을 좌우한다고 해도 과언이 아니다.

노화에 의해도 미각의 변화가 나타날 수 있다. 나이가 들면서 혀의 유두는 위축되고 돌기의 미뢰 개수와 기능이 떨어진다. 보통의 성인은 약 1만 개 정도의 미뢰를 가지고 있다. 이 미뢰는 여성은 40~50세 사이에, 남성은 50~60세 사이에 감소하기 시작한다. 그러나 기본적인 쓴맛·신맛·짠맛·단맛을 느끼는 데는 영향을 미치지 않는다.

미각이 감소되는 것은 미뢰와 유두에 생기는 변화와 관련이 있다. 신경말단, 유두, 미뢰 등은 모두 나이가 들수록 감소한다. 미뢰의 재생속도는 노화될수

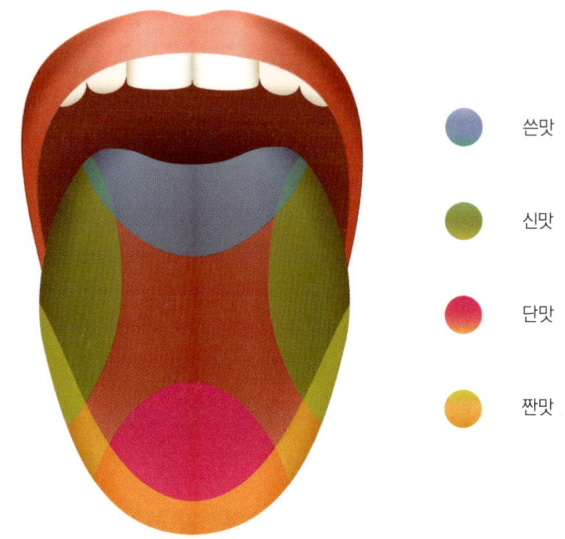

▲ 혀를 통해 느낀 맛은 냄새와 함께 기억 속에 남게 된다.

록 느려지고 에스트로겐, 아연, 단백질 부족으로 더욱 분명해진다. 혀의 노화는 혀끝에서 가장 많이 나타난다. 혀가 느끼는 4가지 맛 중에서 혀 뒤쪽의 신맛과 쓴맛을 감지하는 미뢰는 나이가 들수록 기능은 높아지는 반면, 앞쪽의 단맛과 짠맛을 감지하는 미뢰 기능은 점차 떨어진다.

특히 짠맛을 느끼는 정도는 청년기보다 25%가 떨어진다. 나이든 사람이 만든 음식이 짜거나 매워지는 경우가 이 때문이다. 구강의 점막이 노화되는 것도 미각 변화에 영향을 미친다. 구강점막의 노화는 점막이 얇아지고 수분이 줄어들면서 단백질 합성과 성장인자 반응이 약화되고 소동맥의 동맥경화 현상으로 영양소와 산소 공급이 감소해 생긴다.

미각의 변화에는 구강과 치아 상태도 영향을 미친다. 또한 나이가 들수록 코의 후각이 둔화되고 입과 입술 근육의 탄력이 떨어지고 침의 분비량도 줄어 미각의 변화와 대사율의 감소로 식욕의 변화가 온다. 노화로 인해 전반적으로 맛에 대한 감지 능력이 떨어지므로 짜고, 달고, 조미료를 더 많이 넣은 음식을 좋아하게 된다.

여자는 폐경기가 되면 쓴맛에 대한 민감도가 급격히 떨어지기 때문에 젊었을 때보다 블랙커피 등 쓴 음식을 더 즐겨 찾는다. 특히 참기름이 들어간 나물 무침 같은 고소한 맛이 섞여 있는 쓴맛을 선호하게 된다. 나이가 들수록 점차 다른 미각도 감소한다. 연구에 의하며 우리나라 여대생과 노인을 비교한 결과 단맛은 2배, 짠맛은 5배, 신맛은 4배, 쓴맛은 7배로 강한 자극을 줘야 여대생만큼 맛을 느낀다고 한다.

맛은 감각적 정서이다. 감각적 경험, 특히 음식을 섭취하고 느끼는 감각을 표현하기 때문이다. 이렇듯 맛이란 어떠한 물질을 입에 넣었을 때 미각과 후각을 자극하고 입안의 통각, 촉각, 온도를 느끼는 감각을 자극함으로써 일어나는 종합적 감각이다.

맛의 일부는 감각적이고 일부는 주관적이다. 맛에 대한 느낌은 개인차가 크며 같은 사람이라도 조건에 따라 느끼는 맛의 차이가 있다. 또한 식습관, 풍습, 금기식품에 대한 편견, 정서, 생리적 상태, 경험적 공간, 분위기 등에 따라 맛에 대한 감각이 달라질 수 있다.

미각은 타고날 수도 있지만 대부분 교육을 통해서 익혀지는 경우가 많다. 혀를 통해 느낀 맛은 냄새와 함께 기억에 남게 된다. 다양한 음식을 많이 접해

볼수록 미각은 더 섬세해지고 맛도 잘 구분할 수 있다.

　맛에 대한 감각이 뛰어난 미식가일수록 좋은 음식을 찾아 먹는 것을 즐길 뿐만 아니라 음식의 선택 기준이 확고하다. 또한 맛있는 음식 정보를 많이 알려고 노력하며 제철 음식에 대한 관심이 많다. 그리고 자문화 중심주의에 기초해 자기 문화의 음식만 최고로 보지 않고 문화적 상대주의 관점에서 음식과 음식문화의 다양성을 인정하고 존중할 줄 안다.

\ 요리에 숨겨진 비밀을 찾아서 /

분자미식학
Molecular gastronomy

분자미식학Molecular Gastronomy에서는 음식의 조리 과정뿐만 아니라 재료의 생산, 음식의 섭취와 맛의 인지 등에 이르기까지 요리 전반에 관한 화학적·물리적 현상을 설명하고 과학적으로 분석해 새로운 맛과 질감을 개발한다. 예를 들면 '토마토가 빨갛게 익으면 의사 얼굴이 파래진다'는 유럽의 속담을 분자미식학에서는 토마토에 많이 함유된 글루탐산이 피로회복에 효과적이며 혈당이 과도하게 오르는 것을 막아 다이어트에 탁월하고 루틴이 혈관 강화에 도움이 되어 의사가 할 일이 없어진다고 분석한다. 이처럼 분자미식학은 구전과 속담에 의해 전해내려오는 요리 현상에 대해 과학적으로 설명하고, 기존 메뉴에 새로운 메뉴를 덧붙이기도 한다.

분자미식학에서 주방은 화학·물리 실험실에 비유한다. 그도 그럴 것이 진공 조리 시스템, 레이저와 극세 분사기, 소다 사이펀, 증류기, 분리형 깔때기, 원심 분리기 등 실험실에서나 사용할 법한 물품들이 도입되기 때문이다.

◀ 분자미식학에서 요리는 재료가 가진 맛과 향을 유지하면서 형태를 자유자재로 변화 시켜 마치 요리를 회화작품처럼 연출한다.

    분자미식학은 1960년대 프랑스 최고 수준의 요리법과 미식법을 일컫는 오 뜨 퀴진에서 출발해 1990년대 스페인을 거치면서 보편화됐다. 특히 1988년 영국 옥스퍼드 대학의 물리학 교수인 니콜라스 커티Nicholas Kurti, 1908~1998와 프랑스의 물리화학자인 에르베 티스Hervé This, 1955~가 만나 유럽의 전통 음식과 요리에 숨겨진 비밀을 찾기 위해 과학적으로 접근하면서 시작됐다고 보는 것이 정설이다.

기본단위인 분자에 과학과 예술을 접목

분자요리는 음식을 구성하는 기본단위가 분자이고 조리법에 과학과 예술을 접목시켰다. 분자요리는 코스 요리의 중심이 고기가 아니라는 점이 특이하다. 주요리를 그릇에 담은 뒤 모양을 아름답게 하고 식욕을 돋우기 위해 곁들이는 가니쉬를 특별히 강조한다. 가니쉬는 한식의 고명과 같은 것으로 요리의 맛을 보완하기도 하고 시각적으로 먹음직스럽게 보이도록 한다. 분자요리는 같은 접시에 전혀 어울리지 않는 재료를 배치하는 등 맛과 재료가 언밸러스하다. 또한 재료를 색다른 텍스처로 변형시켜 먹는 이에게 즐거운 상상을 불러일으키면서 미지의 맛을 탐구하도록 부추긴다.

아이디어는 새로운 메뉴를 탄생시킨다. 분자미식학의 요리는 기존 요리의 질감과 구조를 과학적으로 분석해 새로운 맛과 궁합을 찾아내기도 하지만 캐비어 모양의 생선 알을 망고 맛으로 탄생시키는 것처럼 전혀 다른 재료를 사용해 새로운 것을 만들기도 한다. 재료가 가진 본래의 맛과 향을 유지하면서 형태를 자유자재로 변화시켜 마치 회화 작품처럼 연출한다.

분자미식학은 새로운 방법 그리고 맛을 내는 재료를 물리·화학적으로 분석해 조리하는 과정에서 일어나는 변화나 저장 원리를 좀 더 과학적으로 이해하는 학문이다. 이제 한식도 분자미식학적으로 접근해야 '한식의 세계화'에 가까워지는 시점이 왔다. '장맛이 좋아야 음식이 맛있다'는 우리의 속담도 실험실에서 과학적인 분석을 거쳐야 할 때다. 분자미식학적 접근을 통해 전통음식의 재발견과 새로운 기술의 도입이 뒷받침돼야 한식의 세계화가 가능할 것이다.

\ 매움에도 수치가 있다 /

스코빌 지수
Scoville Heat Unit

미국의 화학자 윌버 스코빌Wilber Scoville, 1865~1942은 1912년 어떤 고추가 얼마나 매운지 판단할 수 있는 기준을 개발했는데, 이것을 스코빌 지수Scoville Heat Unit라고 한다.

알칼로이드Alkaloid의 일종으로 고추의 매운맛을 내는 캡사이신Capsaicn 성분이 없는 피망이나 파프리카의 스코빌 지수를 '0(단위 : SHU)'으로 하고, 그 외에는 고추 추출물을 물에 희석해 5명의 피실험자들이 매운맛을 느낄 수 없을 때까지 희석했을 때 그 물의 비율로 지수를 정했다. 요즘에는 고성능 액체 크로마토그래피HPLC, High Perofrmance Liquid Chromatograph라는 장비로 캡사이신 농도를 측정해 계량한다.

매운맛은 생리학적으로 통각을 느낄 정도의 자극성이 있는 얼얼한 맛이다. 맛의 기본이 되는 단맛·신맛·짠맛·쓴맛의 네 가지처럼 미뢰로 느낄 수 있는 맛과 달리 입속의 점막 등 입안 전체의 자극에 의해 전달되는 맛이다.

고추의 매운맛은 골고루 퍼져 있지만 특히 고추씨가 달라붙어 있는 꼭지와 연결된 부분에 많다. 이탈리아 식용고추 페페로치니의 스코빌 지수가 100~500, 우리나라 청양고추는 1만 정도이다. 미국에서 다양한 요리에 뿌려 먹는 타바스코 소스는 멕시코 고추의 일종인 타바스코에 소금과 식초를 섞어 발효시킨 맵고 신맛이 나는 소스인데, 주재료인 타바스코 고추의 스코빌 지수는 5만이다.

태국의 프릭키누(쥐똥고추)는 10만, 아프리카의 피리피리piri piri는 17만 5000, 자메이카의 스카치 보네트는 35만, 과일처럼 생긴 남미가 원산지인 하바네로는 10~35만이다. 청양고추보다 50~60배 정도 맵다는 레드 사비나 하바네로Red Savina Habanero는 57만 7000이고, 식용이 아니라 고대에 적을 물리치기 위해 사용됐던 나가 졸로키아Naga jolokia는 85만 5000스코빌이다. 인도의 도셋나가Dorset Naga는 88만 6000이고 레드 사비나 하바네로를 개량해 만든 부트 졸로키아Bhut Jolokia는 매운 정도가 고추를 먹고 나면 혼이 나간다고 해 유령 고추ghost chilli로 불리기도 하는데 스코빌 지수가 청양고추의 100배에 이르는 100만 1304이다. 세계에서 가장 매운 고추는 영국의 링커셔 그랜섬 지역에서 개발된 '끝없이 맵다'는 의미를 담은 인피니티Infinity로 스코빌 지수가 106만 7286이다.

'한국인의 맛 기호도' 설문 조사 결과에서 한국인은 매운맛(34%)을 가장 선호하고 이어 단맛(24%), 신맛(19%), 쓴맛(14%), 짠맛(9%) 순으로 좋아하는 것으로 나타났다. 매운맛을 가장 선호하는 연령은 30대(28%)였으며, 이어 50대(21%), 20대(19%), 40대(18%), 10대(14%) 순으로 전 연령층에서 고루 좋아하는 것으로 조사됐다.

한국인의 힘은 매운맛이다. 매운맛 열풍은 이제 하나의 음식 소비 트렌드로

◀ 매운맛은 음식의 맛을 조절하는 기능이 있어 음식의 맛에 적당히 긴장감을 줘 식욕을 촉진하기도 한다.

자리 잡게 됐다. 매운맛은 몸에 열이 나게 해 에너지 소비량을 늘리고 체중을 감소시켜 다이어트에 탁월한 효과가 있다. 또한 맛으로 느끼는 것이 아니라 고통으로 인식되어 두뇌와 감성을 자극해 이성적인 판단보다는 감각, 감성, 기억 영역을 활성화시킨다.

　매운맛은 음식의 맛을 조절하는 기능도 지니고 있다. 음식의 맛에 적당히 긴장감을 주어 식욕을 촉진하는 것이다. 매운맛을 내는 고추는 성질이 뜨겁고 맵기 때문에 평소 몸이 차서 소화가 잘 안 되는 사람에게는 침샘과 위샘을 자극해 위산 분비를 촉진시켜 소화를 돕는 효과도 있다. 식재료에서 나는 좋지 못한 냄새를 방지하기도 하고 자극에 의해 미각을 바꾸기도 한다. 중독성이 강한 편이다.

   매운맛은 사회적으로 경기가 좋지 않을 때 사람들이 특히 많이 찾는다. 매운맛이 뇌에서 천연 통증 치료제인 엔도르핀의 생성과 분비를 촉진시켜 머리가 맑아지는 느낌을 들게 해 스트레스 해소에 도움을 주기 때문이다. 한의학에서도 매운맛은 기운을 발산하는 효능이 있어 마음의 우울함을 해소하는 역할을 한다고 알려졌다.

\ 맛있는 음식도 먹고 기분도 좋아지고 /

오찬 효과
Luncheon effect

정겨운 사람과 오랜만에 만나면 "밥 한번 먹자"는 말을 건넨다. 음식은 생존을 위한 수단이기도 하지만 같이 음식을 먹는 행위는 함께 나눈다는 의미에서 상대와 동일시하는 일체감을 갖게 한다. 음식을 나누다 보면 서로의 속내도 털어놓고 기쁨과 슬픔까지 공유하게 된다. 누군가와 밥을 먹는다는 것은 끼니를 때운다는 이상의 의미가 있다.

오찬 효과Luncheon effect는 실제 맛있는 음식을 먹을 때 섭취하는 포도당, 단백질 등 영양소의 자극으로 상대에 대한 호감이 생기고 긍정적인 반응을 유발하게 되는 효과다. 음식은 인간간계를 맺게 하는 중요한 역할을 한다. 사람들 사이의 커뮤니케이션에도 큰 영향을 미친다. 사람들은 일반적으로 음식을 함께 하는 자리에서 상대방의 의견을 더 호의적으로 평가한다. 심지어 자기의 주장을 굽히는 태도도 보인다. 식사를 한 번이라도 같이 하면 아는 사이가 되지만 평소에 잘 알고 지내던 사람이라도 식사 한 번 하지 않았다고 하면 진정 가까운 사이가 아니라고 생각한다. 특히 맛있는 음식을 먹을 때는 모든 면에서 적대감은 줄어들고 긍정적인 감정이 유발된다.

상대와의 의사소통에서 7%는 대화의 내용을 통해 이루어지고 38%는 음조나 억양 등의 말투에서 전달된다. 55%는 표정, 자세 등 시각적 요소에 의해 상대에게 전달된다. 식사를 함께하면 상대방이 어떤 사람인지 가장 빨리 파악할 수 있다. 식사할 때는 다양한 내면의 감정이 몸을 통해 자연스럽게 드러나며, 자신의 의사도 상대방에게 효율적으로 전달되기 때문이다.

어떤 글로벌 기업에서는 직원을 채용할 때 최종 면접시험으로 파트너 임원급과의 오찬 면접을 진행한다. 90분에 걸친 오찬 동안에 입사 희망자의 테이블매너 그리고 1차 서류 때 제출한 기재된 사항의 진실성 여부, 2차 필기시험 때 에세이에서 주장한 내용의 역량 수준을 재검증하고 심지어는 식사 때의 자세가 올바른지 등을 토대로 인성과 사회성, 사교성, 위기대처능력 등 40여 항목을 테스트한 후 최종적으로 입사를 결정한다.

누군가와 가까워지고 싶을 때 "언제 식사나 같이 하시죠"라는 말은 친밀감을 높이는 데 가장 효과적이다. 맛있는 음식으로 생기는 기분 좋은 감정이 함께 자리하는 사람에게 파급되기 때문이다. 누군가 함께하는 식사시간은 그냥 밥만 먹는 것이 아니고 즐거움을 나누는 시간이다. 같이 먹는 음식이 맛있으면 같이 먹는 사람에 대한 기억까지 더 좋게, 오래 남는다.

스타벅스 하워드 슐츠 대표의 성공비결은 매일 다른 사람과 점심을 먹으며 나누는 커뮤니케이션이라고 한다. 회사동료나 식구 같은 사회적 근친보다 인간적 관계가 중요한 현대 사회에서 더 좋은 사회적 간접자본을 만들기 위해서는 누구와 식사를 같이 했는지가 핵심 요소이기도 하다.

음식은 무엇을 먹는가보다 누구와 먹느냐가 중요하다. 좋은 사람과 먹는 음

식은 반찬 하나에 밥 한 그릇이라도 진수성찬이다. 하지만 싫은 사람과는 아무리 맛있는 음식이라도 먹고 난 후에 편하지 않다. 그래서인지 나이가 들수록 밥을 같이 먹는 사람이 한정되기도 한다.

삼시세끼 중에 점심이 가장 사회적이고 사교적인 성격이 강하다. 저녁식사는 대개 자기와 각별한 관계에 있는 사람들과 함께 하는 경우가 많지만 점심은 별로 친하지 않아도 함께 먹는 경우가 많아 사회적인 성격을 띠고 있다. 우리의 일생에 어느 시기에 누구와 주로 점심을 먹었는가에 따라 인생 비즈니스 도표는 달라진다. 점심이 차별화되는 이유는 개개인의 일과에 따라 아침과 저녁식사 시간대는 차이가 있지만 점심은 거의 12시에서 오후 1시까지 고정되어 있기 때문이기도 하다. 아침·저녁은 밥, 식사라는 단어가 연결되는 시간을 의미하지만 점심點心은 낮에 끼니로 먹는 식사라는 의미의 독립된 단어다.

식구食口라는 뜻은 한집에서 살면서 끼니를 같이 하는 사람을 말한다. 가족 혹은 같은 공동체의 다른 표현이기도 하다. 같이 밥을 먹는 행위는 가족, 친구, 연인으로 받아들인다는 의미다. 경쟁자도 동반자로 인정한다는 뜻이기도 하다.

\ 음식을 즐기고 사랑하는 탐식가 /

●

이탈리아 요리
Italian dishes

●

'먹고, 기도하고, 사랑하라'. 이탈리아에서 신나게 먹고, 인도에서 뜨겁게 기도하고, 발리에서 자유롭게 사랑하는 동안 진정한 행복을 느끼고 자신을 발견하게 된다는 줄거리의 엘리자베스 길버트 Elizabeth Gilbert 원작 소설을 줄리아 로버츠가 열연한 영화다.

"누군가 그랬다. 로마에서 가장 맛있는 커피는 전 세계에서 가장 맛있는 커피인거라고"라는 대사가 있다.

이탈리아는 에스프레소가 지나치게 쓰지도, 그렇다고 너무 달지도 않고 고소하고 감칠맛이 깊어 전 세계 바리스타의 커피 순례코스로 빠지지 않는다. 커피뿐만 아니다 대사 중에 "그냥 즐기는 것과 마음으로 즐기는 건 다르다. 먹고 싶을 때 먹고 사랑하고 싶을 때 사랑하며 살아가는 곳이 이탈리아다"라는 대사처럼 이탈리아 사람들은 음식에 관심이 크다.

미국인들의 외식비가 소득의 8% 정도라면, 이탈리아인들은 28% 정도를 외식비로 쓸 만큼 탐식가들이 많다. 이탈리아 음식문화는 프랑스 음식문화보다는 캐주얼하면서 대중적이다. 이탈리아 음식은 파스타와 피자로 상징되고 토마토를 활용한 요리가 많아 소박함과 친근함으로 다가오는 음식들이 대부분이다.

이탈리아 음식의 특징은 로마를 중심으로 육식 위주의 북부와 풍부한 해산물 위주의 남부요리로 구별이 된다. 베네치아와 볼로냐, 밀라노, 제노바를 포함하는 북부 지방은 알프스 산맥을 접하고 있어서 육류와 치즈를 이용한 요리가 많고, 남부보다 쌀 요리를 많이 먹는다. 반면 나폴리, 시칠리 섬 등의 남부 지방은 해안가라서 해산물 요리가 발달했으며, 맵고 짠 강한 맛이 특징이며 토마토소스를 사용하는 피자와 파스타가 발달했다.

이탈리아의 레스토랑은 대중적이고 저렴한 오스테리아Osteria와 지방의 특색 음식을 중심으로 한 소규모의 식당인 트라토리아Trattoria와 고급식당을 일컫는 리스토란테Ristorante 등으로 구분된다.

이탈리아 정찬 코스요리는 먼저 한 입 꺼리로 먹을 수 있는 식전 음식인 스튜치키니Stuzzichini와 식사를 시작하기 전에 마시는 식전 주 아페르티보Apertivo로 시작한다. 입맛과 식욕을 돋울 목적이다. 음료는 와인이나 스푸만테Spumante라 불리는 발포성 와인Sparkling Wine이나 물 등을 먹을 수 있다. 물론 맥주도 가능하다.

다음 안티파스토Antipasto는 전채요리의 일종으로 카르파초, 살라미, 프로슈토, 훈제 생선, 올리브오일에 절인 버섯, 피망 등 짭짤한 음식이 나온다. 안티파스토를 보면 레스토랑의 수준을 알 수 있다. 일반 와인바 등에 가면 식사를 대신할 가벼운 먹거리로 안티파스토를 내놓기도 한다. 안티파스토인 브루스케타는 마늘을 첨가한 빵을 구운 뒤 올리브유, 소금, 후추, 자두 등을 얹은 요리

◀ 이탈리아에서 음식을 먹고 나면 반드시 에스프레소 커피를 마신다. 잔을 들고 가볍게 두 세 모금 나눠 마시면 입안의 음식 잔미를 없애준다.

다. 안티파스토 미스토Antipasto misto는 안티파스토를 뷔페식으로 차려놓고 손님이 직접 가져다 먹도록 하거나 트레이에 햄과 치즈, 빵, 비스킷 등을 담아 나오기도 한다. 이 순서에 보통은 샐러드를 먹는다.

이어서 프리모 피아토Primo Piatto는 첫 번째 접시라는 뜻이다. 가장 많이 나오는 음식은 파스타, 피자, 라자냐, 리소토, 뇨끼 등 탄수화물 종류의 음식이 나온다. 이 정도 음식만 먹어도 상당히 배가 부르기 때문에 간단하게 먹을 때는 프리모 피아토까지만 먹고 세컨드 피아토와 돌체를 생략하고 바로 커피를 먹는 경우도 있다.

두 번째 접시는 세콘도 피아토Secondo Piatto로 쇠고기나 돼지고기 등 육류요리가 나온다. 남부 지방 일부에서는 토끼고기가 나오기도 한다. 시칠리아나 바닷가 도시에서는 생선을 내기도 한다. 세콘도를 먹을 때는 감자튀김 등 콘토르노contorno를 곁들여 먹거나, 샐러드류 인살라타Insalata를 먹는다.

디저트인 돌체Dolce는 주로 티라미수나 이탈리아에서 크리스마스를 기념해 먹던 파나토네Panatone 빵 등을 먹는다. 이탈리아 레스토랑은 저마다 자신 있게 내세울 수 있는 돌체가 있다. 이탈리아 케이크는 생크림을 사용하지 않는 경우가 많다.

마무리는 카페로 이탈리아에서 음식을 먹고 나면 반드시 에스프레소 커피를 마신다. 잔을 들고 가볍게 두 세 모금 나눠 마시면 입안의 음식 잔미를 없애 준다.

\ 영혼을 치유하는 가장 깊은 위로 /

위안 음식
Comfort food, Soul food

    음식은 생존을 유지시켜 주는 동시에 고독한 영혼이나 상처받은 마음을 치유해주는 힘도 지니고 있다. 즉, 음식은 허전한 마음의 병을 치유하고 재생하는 기능을 한다. 밥 한 그릇을 통해 슬픔과 고통을 극복하기도 하고, 내면 깊은 곳에서 솟아나는 힘으로 슬픔의 흔적을 말끔히 없애기도 한다.

    우리가 정신적 고통이 있을 때 가장 먼저 찾는 것이 음식이다. 우리의 몸은 정신적 공허를 공복감으로 착각하기도 하고 포만감을 정신적 충만감으로 혼동하기도 한다. 뇌에서 일어나는 작용이 비슷하기 때문이다. 주위에 힘겨운 상황으로 마음의 고통을 받는 사람이 있다면 추상적인 말보다 따뜻한 음식을 나누며 전하는 진솔한 한마디로 인생의 행복과 위안을 되찾게 해줄 수 있다. 음식은 고통스러운 감정을 성숙한 마음으로 이끄는 에너지가 있다. 음식은 인간관계를 맺게 하는 매개체 이상으로 영혼을 치료하는 역할을 한다.

    위안 음식은 지친 영혼을 위로해주고 상처 난 마음을 따뜻하게 감싸안는다. 잃어버린 소중한 추억을 되찾게 해주는 경우가 대표적이다. 사람은 특정 음식에 감정적으로 애착을 갖지만 먹는 방식과 함께 먹는 상대가 누구인가에 따라서 감정 상태가 달라질 수 있다. 예전에는 먹는 행위가 생존에 관한 것이었지만 요즘 같은 풍요로운 시대에서 먹는 것은 만족을 위한 도구다. 만족은 단순히 재료와 맛에서 나오는 것이 아니라 이를 통해 얻을 수 있는 체험적인 요소에 달려 있다.

미각의 원천은 마음에 있다. 음식은 기억의 맛이다. 음식은 혀의 미각, 코의 후각을 통해 뇌의 기억 창고인 해마Hippocampus에 감동을 전하면서 기억으로 자리 잡는다. 특히 뇌에서 도파민Topamin, 엔도르핀Endorphin 같은 쾌락 호르몬을 분비시켜 기억을 강화시킨다.

《미각 생리학》을 쓴 브리야 사바랭Brillat Savarin은 "식사의 쾌락은 다른 모든 쾌락이 사라지고 난 후에도 마지막까지 남아 우리에게 위안을 주고, 새로운 요리의 발견은 새로운 천체의 발견보다 인류의 행복에 더 기여한다"고 했다. 어린 시절 음식은 세월이 지나도 그 음식을 함께 먹던 주인공과 그때의 장면들이 떠오르면서 입가에 흐뭇한 웃음을 짓게 한다. 이처럼 행복한 기분을 가슴 속 깊이 떠올리게 하는 매개체가 음식이기도 하다.

몸이 아프거나 마음이 아플 때 혹은 심신이 지쳤을 때 가장 큰 힘이 되는 음식은 엄마표 밥상이다. 엄마가 어릴 적 해 준 밥은 그만큼 강렬하고 생명력이 길다. 정겹고 든든하다는 장점도 있다. 엄마표 밥상은 단순한 듯하지만 내 건강에 대한 걱정과 나에 대한 사랑으로 가득 차 있다. 또 안락감과 안도감을 주며 강렬하고 생명력이 길다.

위안을 주는 음식은 생리적으로 아이스크림, 사탕, 초콜릿과 같이 단 음식보다는 쌀, 보리, 밀가루, 옥수수 같이 거칠고 녹말로 구성된 식품이 효과적이

◀ 몸이 아프거나 마음이 아플 때 혹은 심신이 지쳤을 때 가장 큰 힘이 되는 음식은 나에 대한 사랑으로 가득찬 소박한 엄마표 밥상이다.

다. 녹말은 설탕보다 천천히 분해되기 때문에 사람의 내부에 서서히 작용해 감정을 차분하게 만든다. 이와 달리 단 음식은 우리 몸에 급속히 흡수되어 감정을 더욱 격화시킬 수 있다.

바나나와 견과류같이 마그네슘과 칼슘이 풍부한 식품이나 파인애플 줄기에 다량 함유된 단백질 분해를 돕고 에너지 생성을 높이는 브로멜린Bromelin, 고구마, 감자의 신경전달물질인 세로토닌Serotonin 형성을 돕는 탄수화물 등도 천연 안정제로 유익하다.

위안을 주는 음식은 소박할지라도 요리하는 사람의 정성이 담긴 음식이다. 정성이 들어가지 않으면 진정한 맛을 낼 수 없다. 정성은 상대에 대한 관심이고 애정이며 배려다. 똑같은 재료와 조리 방법을 사용해도 그 음식을 먹는 사람에 대한 사랑이 섞여 있지 않으면 그 음식은 먹는 사람에게 감흥을 주지 못한다. 진정한 위안 음식은 요리하는 사람이 혼과 생명력을 불어넣어 만든 요리다.

\ 차가운 것은 차게 따뜻한 음식은 따뜻하게 /

음식의 온도
Temperature of Food

    음식은 온도에 따라 맛이 다르게 느껴지거나 잘못 느껴지기도 한다. 일반적으로 우리 체온과 비슷한 37.5℃에서 가장 맛을 잘 느낄 수가 있다. 맛을 느낀다는 것은 혀에 있는 미각 세포가 그 맛에 해당되는 화학 물질을 수용한다는 의미다. 대표적으로 초콜릿이 녹는 온도는 32~33℃로 입안의 온도와 맞춘 것이다. 인간의 미각세포Taste cells는 감각세포로서 꽃봉오리처럼 생긴 미뢰 안에 들어 있다. 짠맛·신맛·쓴맛·단맛·감칠맛 등 5개의 주요 감각을 대표하는 수용 세포를 갖고 있다. 미각 자극이 될 수 있는 화학 물질이 입 속에서 침에 녹으면 미공을 통해 미뢰 안으로 들어와 미각세포를 자극한다. 그 결과 세포 내에서 전기적 변화를 일으켜 수소 이온과 나트륨 이온이 세포막을 자극해 각각 신맛과 짠맛을 느낀다.

    반면 단맛과 쓴맛, 감칠맛은 그 맛을 가진 화학물질이 단백질 성분의 수용체와 결합해 화학 신호로 뇌에 전달된다. 짠맛이 가장 짧고 다음이 단맛, 신

▲ 온도가 높으면 단맛이 더하고, 짠맛의 느낌은 줄어든다.

맛, 쓴맛 순으로 1~2초 정도의 매우 짧은 순간에 반응하게 된다. 대체로 온도가 높으면 단맛이 더하고 짠맛에 대한 반응은 줄어든다. 일반적으로 맛을 강하게 느낄 수 있는 온도는 쓴맛은 40~50℃, 짠맛은 30~40℃, 매운맛은 50~60℃, 단맛은 20~50℃에서 가장 잘 느낄 수 있으며 20℃ 이하에서는 둔화된다. 신맛은 25~50℃이다.

음식의 맛은 온도에 따라 크게 변화한다. 아이스크림은 영하 13~15℃일 때 입안에서 가장 부드럽게 녹는 것으로 알려져 있다. 수프는 65~71℃에서 고소한 맛을 최대한 느낄 수 있다. 커피는 65~75℃일 때 원두의 풍미를 가장 잘 느낄 수 있으며, 스테이크에 곁들여 굽는 통감자는 73~74℃일 때가 맛이 좋다. 스테이크는 굽는 정도에 따라 맛있는 온도가 조금씩 다른데, 미디엄 레어로 구웠을 때를 기준으로 3~4분 정도 레스팅Resting을 거치면 육즙이 고기에 다시 스며들어 촉촉한 스테이크가 된다. 식사 전에 제공되는 빵은 42℃ 정도로 따뜻해야 빵의 고유한 풍미를 느낄 수 있다.

생선회는 시간이 지남에 따라 푸석해지고 회 맛이 떨어지므로 5~10℃를 유지해야 신선하고 쫄깃한 맛을 느낄 수 있다. 냉커피가 가장 맛있는 온도는 6℃, 피자가 가장 맛있는 온도는 75℃이고 아기가 마시기 적당한 우유의 온도는 36℃, 냉수는 13℃이다.

와인의 온도는 그 맛을 좌우하는 중요한 요소 중 하나다. 처음 테이스팅을 하면서 와인 맛의 변질 여부뿐 아니라 적당한 온도로 맞춰져 있는지 살펴보는 것이 중요하다. 일반적으로 레드 와인은 17~18℃의 실내 온도와 비슷한 상온의 온도가 적당하다. 좀 더 부드럽고 와인의 잠재적인 향을 이끌어 낼 수 있는 온도는 와인 한 모금을 머금었을 때 입안에 묵직한 느낌이 느껴지는 풀 보디 와인Full bodied Wine은 15~18℃, 미디엄 보디 와인Midium bodied Wine은 13~15℃, 라이트 보디 와인light bodied Wine은 10~12℃이다.

화이트 와인이나 샴페인 등 단맛이 나는 와인은 12℃ 정도로 차게 마셔야 맛있다. 화이트 와인의 경우 떫은맛은 8~13℃, 약간 떫은맛은 5~10℃, 단맛의 스파클링 와인은 5~8℃가 적당하다. 사실 와인이 맛있는 절대적인 온도는 없다. 자기가 맛있다고 느끼는 온도로 마시는 것이 가장 좋으므로 잔에 따른 와인이 너무 차가우면 양손으로 잔을 감싸 온도를 높여 마시는 것도 방법이다.

소주는 너무 차갑게 보관해 마시면 알코올의 자극은 덜하지만 맛을 음미하기가 쉽지 않으므로 8~10℃가 가장 적당하다. 맥주는 온도가 높으면 쓴맛이 강하고 너무 차면 맥주 본연의 맛을 느끼기 어렵다. 맥주의 목 넘김에 적당한 온도는 4~12℃ 정도로 알코올 도수와 비슷하며 깨끗하고 차가운 잔에 따라 마시는 게 좋다. 여름에는 마시기 전에 냉장 상태로 3~4시간, 겨울에는 2~3시간 보관해서 마시면 적당하다. 맥주의 맛은 얼음같이 차거나 미지근한 경우에 반감된다. 잔에 따르거나 오픈한 캔맥주는 15분이 지나서 미지근하게 느낄 정도라면 이미 산화가 진행되어 맛이 없어진다. 스카치위스키는 20℃의 상온에서 보관했다가 온더록스On the rocks 잔에 비교적 천천히 녹는 원형 얼음과 같이 넣어 마실 때 고유의 향과 맛을 오랫동안 유지할 수 있다 .

\ 기억을 되살리는 냄새 /

프루스트 현상
Proust phenomenon

프루스트 현상Proust phenomenon이란 냄새가 어린 시절의 기억을 되살리게 하는 것을 말한다. 후각은 기억의 재생을 통한 판단력 제고에 탁월한 효과가 있다. 프루스트 현상은 냄새를 통해 과거의 일을 기억하는 과정이다.

이 현상은 프랑스의 작가 마르셀 프루스트의 대하소설 《잃어버린 시간을 찾아서》에서 유래됐다. 14년이라는 세월에 걸쳐 완성된 이 작품은 시간에 대한 소설이다. 망각과 기억에 대해, 그리고 '사람들이 과거와 습관을 상실하는 것에서 벗어날 수 있는가'라는 질문에 대한 이야기다. 일상적인 경험들을 소재로 인간의 내면을 분석하고 진정한 '나'를 기억하고 찾아갈 수 있도록 자아 성찰하는 기회를 제공한다.

이 소설의 주인공 마르셀은 마들렌을 곁들여 홍차를 마시는 순간 유년 시절 일요일 아침, 레오니 아주머니가 홍차나 보리수차에 적셔주던 마들렌 맛을 기억하는 등 맛을 통해 과거의 순간들을 회상하고 과거에 경험한 특정 냄새에 자극받아 기억을 재생한다.

이 현상은 2001년 미국 필라델피아의 모넬화학감각센터의 레이첼 헤르츠Rachel Herz 박사팀에 의해 과학적으로 입증됐다. 후각은 대뇌연변계에서 감정과 결합되기 때문에 단순히 과거 사실이 아닌 그 당시 감정까지도 되살린다고 한다. 연구팀은 사람들에게 사진과 특정 냄새를 함께 제시한 뒤 일정 시간이 지나 사진을 빼고 냄새만 맡게 했다. 그 결과 냄새를 맡게 했을 때가 사진만 보았을 때보다 과거의 느낌을 훨씬 더 잘 기억해낸다는 사실이 확인됐다.

미국 조지아 주립대학교의 팜 엘렌Pam Scholder Ellen 교수는 "후각을 제외한 나머지 감각들은 뇌에 정보가 입력되면 먼저 이성적 사고를 하게 되는데 반해 후각은 우리가 생각하기도 전에 무의식적으로 먼저 반응한다"고 말한다. 경험한 냄새의 기억은 시각이나 청각 등의 다른 감각보다 더 빠르고 확실하게 과거의 기억을 떠올리게 한다. 냄새는 의식적인 사고 과정을 거치지 않기 때문에 다른 감각으로는 불가능한 경험을 할 수 있다.

누구에게나 기억이 존재한다. 기억을 이루는 여러 가지 인자 중에서 가장 유효한 인자는 맛이다. 음식과 먹는 행위는 기억의 재생을 더 쉽고 자연스럽게 연결한다. 음식이 준 강렬한 맛의 경험은 오랜 시간이 지나도 쉽게 되살아나고 그날의 식탁 위의 음식 모습은 물론이고 오갔던 대화까지 생생하게 재현하게 된다. 시각이 청각보다 맛을 기억하는 기간이 훨씬 길다.

어린 시절의 기억을 가장 먼저 떠오르게 하는 냄새는 음식 냄새다. 맛있게 먹었던 음식의 익숙한 냄새가 나면 입안에 침이 고인다. 특히 기억 속 냄새를 맡으면 그 음식을 먹었던 모습이 퍼즐처럼 하나하나 맞춰지며 가슴 깊이 황홀감을 느끼게 된다. 음식의 냄새를 통해 어린 시절의 기억이 성큼 다가오는 것이다.

음식의 맛은 기억에 의한 익숙함의 산물이요, 후천적인 학습으로 다져진 기

▲ 흔히 엄마표 밥상을 최고로 친다. 어린 시절부터 먹어오던 음식이 우리의 뇌를 반복적으로 자극해 기억과 추억을 만들기 때문이다.

억의 데이터다. 똑같은 맛의 음식도 주관적인 해석이 가능하다. 맛은 인문학이나 감성의 영역이지 과학의 영역이 아니기 때문에 정답과 기준이 없다. 그러나 어떤 음식을 만들 때 지향하는 맛의 기준점은 있다. 기준점을 잃게 되면 그 음식에서는 만족스러운 맛을 느끼지 못한다. 그 기준은 재료 본연의 맛에 충실할 수도 있고 우리가 기억하는 맛을 재현하는 것일 수도 있다. 흔히 '엄마표 밥상'을 최고로 친다. 어린 시절부터 먹어오던 음식이 우리의 뇌를 단순히 반복적으로 자극해 기억과 추억을 만들기 때문이다.

\ 인간이 느끼는 원초적인 맛의 단위 /

브릭스
Brix

　브릭스Brix는 당을 나타내는 단위로 100g의 액체에 녹아 있는 당의 무게 단위이다. 브릭스 당도 또는 브릭스라고 표기하며 과일이나 와인과 같은 어떤 액체에 있는 당의 농도를 대략적으로 정하는 단위로 사용한다. 용액 100g에 1g의 당이 들어 있으면 1브릭스, 2g의 당이 들어 있으면 2브릭스가 된다.
　단맛은 설탕이나 꿀 따위에서 느껴지는 맛으로 단맛의 정도는 음식에 따라 차이를 보인다. 따라서 단맛, 즉 감미의 정도를 비교할 때는 설탕의 단맛을 표준으로 사용한다.
　아스파탐Aspartame이라는 감미료는 설탕의 200배 수준의 단맛을 낸다. 아미노산계 감미료로 열을 가하면 분해되어 단맛이 사라지므로 소주 등의 주류와 음료의 단맛을 낼 때 사용한다. 과거 소주에 사용됐던 사카린은 설탕보다 300~700배 정도 강한 단맛이 난다. 단맛이 너무 강하면 쓴맛이 나는데, 술에 첨가되는 사카린에 의해 술맛이 단맛 끝에 쓴맛으로 느껴지는 것은 바로

이 때문이다.

단맛은 인간이 느끼는 가장 직접적이고 원초적인 맛이다. 쓴맛이나 짠맛은 경험이 쌓이고 습관을 들여야 알 수 있는 맛이지만 단맛은 굳이 학습을 하지 않아도 느낄 수가 있다. 짠맛은 혀 전체에서, 신맛은 혀 양쪽에서, 쓴맛은 혀 안쪽 목구멍 가까운 쪽에서 느끼는 맛인 반면에 단맛은 혀끝에서 느껴지는 맛이다. 또 단맛은 짠맛처럼 생리적 기호가 강하다. 다른 맛에서는 맛있다고 느끼는 농도의 폭이 한정되어 있지만 단맛은 농도에 관계없이 맛있다고 느낀다. 어떤 맛에 단맛이 더해지면 맛이 훨씬 부드럽게 느껴지기도 하는데, 이는 단맛이 신맛과 쓴맛을 억제하는 작용을 하기 때문이다.

맛에는 대비, 상승, 억제라는 작용이 있다. 어떤 맛에 단맛을 첨가했을 때 강한 쪽의 맛이 상승된다. 단맛은 신맛과 쓴맛에 대한 감도를 저하시킨다. 단맛은 음식을 잘 상하지 않게 하는 방부제 역할도 한다. 5미상생五味相生이라는 말이 있다. 신맛과 쓴맛, 쓴맛과 단맛, 단맛과 매운맛, 매운맛과 짠맛, 짠맛과 신맛은 서로 상생관계로 두 가지 맛이 알맞게 섞이면 조화로운 맛이 나고 건강에도 좋다는 실용적인 원리다. 반대로 5미상극五味相剋은 억제하는 성질을 이용해 좋은 맛을 내게 하는 원리이다. 신맛은 단맛에 의해, 단맛은 짠맛에 의해, 쓴맛은 매운맛에 의해, 매운맛은 신맛에 의해 억제된다.

맛은 온도에 따라 느껴지는 감각이 다르다. 쓴맛은 체온보다 낮을 때, 신맛은 거의 모든 온도에서 느낌이 일정하다. 식은 국이나 찌개가 더 짜게 느껴지는 이유는 온도가 낮아질수록 짠맛이 강하게 느껴지기 때문이다. 반면 단맛은 체온에 가까운 온도일 때 가장 강하게 느껴진다.

단맛은 과거 매우 소량만 생산할 수 있었다. 왕족이나 귀족 계층처럼 최상위층에 속한 소수의 사람들만이 누릴 수 있었던 맛의 종류였다. 단맛이 점차

▲ 단맛은 설탕이나 꿀에서 느껴지는 맛으로 단맛의 정도는 음식에 따라 차이가 있다. 따라서 단맛, 즉 감미의 정도를 비교할 때는 설탕의 단맛을 표준으로 사용한다.

대중화되기 시작한 것은 설탕의 대량생산이 가능해지면서부터다.

당은 종류마다 다른 느낌의 단맛을 준다. 감미가 강한 순으로 나열하면 과당Fructose, 설탕sugar, 포도당Glucose, 자일로스Xylose, 맥아당Maltose, 람노스Ramnos, 갈락토스Galactose, 라피노스Raffinose, 젖당Lactose 순이다. 설탕은 혀에서 단맛을 느끼는 데 시간이 걸리는 대신 단맛이 오래 남는다. 이에 비해 과당은 단맛을 빠르고 강력하게 느껴지지만 그만큼 빨리 사라진다. 맥아당은 감미가 설탕의 약 1/3 정도로 단맛이 느리고 약하게 느껴지지만 단맛의 지속력은 길다. 모든 과일에는 과당이 들어 있는데 차가운 온도에서 더 달게 느껴진다.

맛을 한쪽으로 치중해서 섭취하면 맛도 없지만 건강에도 해롭다. 소선소기 所宣所忌라는 말이 있다. 신맛은 간장에, 쓴맛은 심장에, 단맛은 췌장에, 매운맛은 허파에, 짠맛은 콩팥에 관계된다고 보고 이들의 맛이나 양이 적당할 때 몸의 건강을 유지할 수 있고 어느 하나가 지나치면 질병에 걸린다고 하는 사상이다. 무엇이든 적당한 게 좋다.

\ 조건에 따라 다르게 판단하는 미각 /

음식의 과학
Food Science

올바른 판단은 객관적인 기준보다 그것이 자신에게 어떤 의미가 있는지, 진정으로 자신이 원하는 것인지를 기준으로 결정된다. 자신의 즐거움이 최대이고 고통이 최소가 돼야 한다. 판단을 통한 자신의 결정을 기꺼이 받아들이려면 자신에게 있어 즐거움이 무엇인지 알아야 한다.

미각은 상황의 영향을 강하게 받는다. 미각은 우리의 뇌에 저장돼 있는 과거 경험의 합이다. 사람의 미각은 가소성可塑性이 있기 때문에 개인의 경험에 따라 달라질 수 있다. 실험에 따르면 그릇과 스푼이 클수록 과식을 하게 된다고 한다. 그릇이 크면 상대적으로 음식의 양이 적어 보이기 때문에 더 많이 담게 된다. 같은 양이라도 큰 접시에 담으면 작은 접시에 담을 때보다 칼로리가 적다고 착각한다.

미국 코넬대학 식품 브랜드 연구소 브라이언 원싱크 박사는 사람들이 언제 식사를 중단하는지 확인하기 위한 실험을 했다. 한 접시는 수프가 조금씩 계속 채워지도록 하고, 다른 접시는 정상적으로 수프를 담아 피험자들에게 제공해 반응을 조사했다. 실험 결과 조금씩 계속 채워지는 수프 그릇의 수프를 먹은 피험자들이 일반 그릇의 수프를 먹은 피험자들보다 2배 가량 더 많이 먹었다. 인간은 식사를 멈출 때 포만감보다 시각적인 신호(다 먹었음을 보여주는 빈 그릇 등)에 의존한다. 먹는 양을 실제로 보지 않으면 과식하기 쉽다.

버펄로윙(닭 날개살) 파티 실험에서 학생 두 그룹에 버펄로윙 뷔페를 제공했다. 한쪽은 웨이트리스들이 뼈를 치우도록 하고 한쪽은 치우지 않고 내버려뒀을 때 뼈를 치운 쪽이 28% 더 많이 먹었다고 한다.

음식의 맥락효과

술잔의 모양과 음주량에 관한 실험도 있다. 곡선형 술잔은 실제 음주량보다 적게 마셨다는 착각을 불러일으켜 원래 자신의 의도보다 훨씬 더 빨리 술을 마시게 한다고 한다.

브리스톨 대학의 데이비드 트로이가 이끄는 연구팀은 과음의 요인을 알아보기 위해 피험자의 절반에게는 4분의 1, 절반, 4분의 3지점에 선을 그려 넣은 잔을, 나머지 절반에게는 선이 없는 잔을 나눠주고 실험을 했다. 선이 그려진 잔을 가진 사람들은 상대 그룹보다 맥주를 더 천천히 마셨다. 자신이 마시는 양을 정확히 안다고 생각하고 속도를 조절했기 때문이다. 연구팀은 또 직선형 잔과 곡선형 잔에 각각 액체를 그려 넣고 피험자들에게 액체의 중간지점을 판단하도록 했다. 잔의 형태가 질량 판단에 미치는 영향을 테스트하기 위해서였다. 예상대로 피험자들은 직선형보다 곡선형 잔에서 중간점을 오판하는 비율이 훨씬 높았다.

▲ 직선형 잔을 이용한 고객이 술을 적게 마신 것은 곡선형 잔을 이용한 그룹보다 맥주의 양을 더 정확하게 판단했기 때문이라고 브리스톨 대학 연구팀은 주장한다.

    마지막으로 연구팀은 직선형과 곡선형 두 가지 종류의 잔을 사용해 3개 주점에서 2주의 주말 동안 팔린 맥주의 총량을 기록했다. 결과는 직선형 잔을 사용하는 주점의 맥주 판매량이 훨씬 적었다. 직선형 잔을 이용한 고객이 술을 적게 마신 것은 곡선형 잔을 이용한 그룹보다 맥주의 양을 더 정확하게 판단했기 때문이다. 이와 같이 인간의 경험은 실제적인 감각지각에 한정되지 않는다.
    개인이 느끼는 인상은 불완전하기 때문에 주관성이 약간 가미돼야 완전해진다. 감각지각을 결합 또는 분해할 때마다 실제로 하는 일은 감각하고 있다는 것에 대해 판단을 내리는 것이다. 무의식적인 해석 행위는 대체로 처음 알게 된 정보에 나중에 알게 된 새로운 정보들의 지침을 만드는 맥락효과 Context effect에 의해 주도된다. 음식의 맛 역시 처음에 긍정적으로 느꼈다면 이후에도 긍정적으로 생각한다. 평소와 다른 상황에서 어떤 감각지각을 만나면 인간의 뇌는 비밀스럽게 그 감각 판정을 변조하기 시작한다.

\ 맛을 향한 습관적 탐닉 /

미각 중독
Taste addiction

 멍청하고 어리석은 일을 하는 사람을 바보라고 한다. 바보의 어원적 해석은 '밥+보'에서 'ㅂ'이 탈락해 바보가 됐다고 한다. 즉, 먹는 욕심이 지나치게 많으면 바보로 보았다. 배가 불러 주체를 할 수 없어도 하염없이 먹는 사람을 일컬었다. 음식의 섭취량과 소모량이 일치하는 동적 평형의 원리가 깨지면 건강에 이상 신호가 온다. 인간은 생리학적으로 음식에 이끌리며 집착한다. 집착은 문화적, 역사적, 미학적 등의 요인에 의한 결과물이다.
 습관적으로 특정한 맛을 탐닉하고 추구해 대뇌회로에 변화가 일어나는 현상을 '미각 중독Taste addiction'이라고 한다. 미각 중독은 특정한 맛에 대해서만 맛을 느끼고 다른 음식을 먹었을 때는 만족을 느끼지 못한다. 특정한 맛에 대한 선호가 극단화된 형태로 맛 의존, 맛 금단, 맛 내성의 특성이 있다.
 미각 중독을 가진 사람들은 특정 맛에 대해 신체적, 정신적으로 의존해 반복 섭취하는 특성이 있다. 해당 음식을 일정 기간 이상 섭취하지 못하면 심리적, 신체적 불쾌감과 기분 저하를 느끼며 일정 수준에 도달하면 기존의 맛으로 만족하지 못한 채 더욱 진하고 센 맛을 찾게 된다.

미각 중독을 유발하는 대표적인 맛은 단맛, 짠맛, 매운맛 그리고 고소한 맛이다. 신체가 특정 음식을 먹고 기분이 좋았던 느낌을 기억했다가 그 맛만을 반복적으로 찾는 것이다. 기분 좋은 맛을 느꼈을 때의 뇌는 마약을 투약하거나 담배를 피울 때 반응하는 부분과 동일하다. 특정한 맛에 중독된 사람은 더욱 강력한 자극을 필요로 하고 과잉 섭취로 인한 중독 단계로 이어진다.

현대인들은 스트레스가 많다. 스트레스로 심신이 지쳐 있을 때 몸은 도파민을 생성하는 대체 보상을 찾게 되는데 반복적으로 쾌락을 느끼다 보면 중독이 된다. 자연스럽게 아무런 제약 없이 구매할 수 있는 중독제인 음식을 찾게 된다. 미각 중독자 대부분은 채소와 물을 싫어한다. 채소를 기피하는 이유는 채소의 맛이 주는 밋밋함도 있지만 오랫동안 씹어야 하는 섬유질의 특성에 있다. 빨리 맛을 본 다음 삼켜서 위를 만족시켜야 하는데 섬유질은 빨리 먹기에는 대부분 적합하지 않기 때문이다.

미각 중독자는 미식가와는 구분된다. 미각 중독자는 일단 먹고 본다. 또 다른 음식이 나오면 그건 그때 가서 먹을 때까지 먹는 반면 미식가는 음식을 먹으면서 또 다른 음식을 먹을 공간을 항상 남겨둔다.

우리 뇌의 오른쪽 전두엽이 손상되면 식욕의 증가와 관련 없이 음식, 특히 고급 음식에 집착하는 일이 생긴다. 양성 섭식 장애인 '미식가 증후군'이다. 최고급 음식만 찾게 되고 스스로가 미식가가 되기를 열망한다. 2005년 5월 8일자 뉴욕 타임즈에는 스위스의 언론사 정치부 기자가 뇌의 오른쪽 전두엽에 경미한 손상을 입은 뇌졸중을 앓은 후 회복되면서 뜻밖의 부작용으로 미식에 대한 특별한 열정이 생겨나 음식칼럼니스트가 된 사람의 이야기가 실렸다.

▲ 미각 중독자는 미식가와는 구분된다. 미각 중독자는 일단 먹고 본다. 또 다른 음식이 나오면 그건 그때 가서 먹을 때까지 먹는 반면 미식가는 음식을 먹으면서 또 다른 음식을 먹을 생각으로 다른 음식을 먹을 공간을 항상 남겨둔다.

    미식가는 제철에 수확한 신선한 재료와 제 땅에 난 재료의 음식을 좋아한다. 제철 음식은 영양분이 가장 무르익었을 때 먹는다는 이점이 있다. 제철 음식은 사계절 변화의 순리를 따라가도록 도와준다. 제철 음식을 먹으면 그 계절을 가장 계절답게 보낼 수 있다. 진정한 미식가는 좋은 음식을 이해하는 사람으로 자신이 가진 에너지를 나누고 음식 습관이 항상 긍정적이며 먼 길을 마다 않고 선택한 식당을 찾는 열정적인 사람이다.

\ 색으로 맛을 연상하다 /

색채 미각
Color taste, 色彩味覺

색으로 인해 음식의 맛을 연상하는 다양한 감각을 색채 미각이라 한다. 음식이 어떤 색을 갖느냐에 따라 맛있게 보이기도 하고 맛없어 보이기도 한다. 음식의 맛은 음식의 색뿐만 아니라 문화나 주변 환경에 의해 달라질 수도 있지만, 색깔에 따라 맛의 이미지를 변화시킨다. 심지어 빛에 의한 색상, 명도, 채도에 따라서도 맛의 이미지가 달라진다. 색채는 사람들의 감정뿐만 아니라 감각은 물론이고 생리적 기능에도 영향을 준다.

미국의 컬러리서치연구소[ICR]의 연구 결과에 의하면 사람은 상대방이나 환경 혹은 물건 등을 처음 접할 때 90초 안에 잠재적 의식으로 판단을 하는데, 그 판단의 60~92%를 오직 색채에 의존해 내린다고 한다. 음식의 맛은 미각뿐만 아니라 후각·시각·청각·촉각 등 다른 감각과 융합해 다양한 경로와 개인의 경험 등이 복합적으로 작용한다. 그중에서도 음식의 맛을 연상하는 데 직접적으로 영향을 주는 것은 시각을 통해 전달되는 색채 미각이다.

주황은 식욕을 가장 자극하는 색이다. 분홍색은 단맛보다 더 달콤한 느낌을 준다. 단맛은 빨강, 분홍, 주황, 노랑 등의 컬러 배색으로 표현하기도 한다. 흰색이나 밝은 회색이 짠맛의 대표적인 색이며 쓴맛은 짙은 갈색이나 검정 등 주로 어두운 색으로 표현한다. 매운맛은 적색과 흑색을 사용하며 고추 같은 붉은색에서도 매운맛을 느낀다. 파란색과 보라색, 자주색은 식욕을 자극하지 못한다. 갈색의 잘 구워진 빵은 보기만 해도 빵 고유의 향기를 느낄 수가 있다.

색채는 심리적, 생리적으로 인간에게서 영향을 미치는 에너지를 지니고 있다. 신경 작용을 일으키는 요인이 되기도 한다. 영국의 일간지 데일리메일 2014년 11월 26일자에 따르면 영국 옥스퍼드Oxford 대학과 호주연합대학 Federation University Australia의 공동연구에서 "컵의 색으로 커피의 쓴맛을 줄일 수 있다"는 한 바리스타의 주장을 검증하기 위해 36명의 실험 참가자에게 파란색·흰색 머그컵과 투명한 유리잔에 같은 커피를 담아 마시게 했다. 그 결과 실험 대상자들은 파란색 컵에 있는 커피가 가장 달콤하다고 평가했다. 반면 흰색 잔과 투명 잔에 커피를 마신 경우는 커피의 향과 맛이 강하고 쓰다고 느꼈다. 특히 흰색 잔에 담긴 커피에서 쓴맛을 가장 많이 느꼈다고 응답했다.

이 같은 이유는 우리의 뇌가 인식하고 있는 맛과 색깔의 연관성 때문이다. 연구팀은 커피의 짙은 갈색이 시각적으로 전달됐을 때 뇌는 이것을 '쓴맛'이라고 인식하게 되는데, 흰색 잔에 담을 경우 그 색이 도드라져 더 쓰게 느껴지는 것이라고 분석했다. 그러나 파란색 잔은 갈색의 농도를 완화시켜 덜 쓰게 느껴진다고 설명했다.

또 다른 연구에서는 붉은색을 띠는 딸기무스를 흰색과 검정색 접시에 각각 담아 먹었을 때 흰색 용기에 있는 음식이 10~15% 정도 더 달게 느껴지는 것으로 조사됐다. 따라서 단맛으로 인식되는 색의 경우에는 커피와는 반대로 하

▲ 음식의 맛을 연상하는 데 직접적으로 영향을 주는 것은 시각을 통해 전달되는 색채 미각이다. 주황은 식욕을 가장 자극하고 분홍색은 단맛보다 더 달콤한 느낌을 준다.

연색 용기에 담을 때 더 달게 느껴질 수 있다. 복숭아색, 빨간색, 주황색, 갈색, 담황색, 맑은 초록색, 진노랑색은 식욕을 떨어뜨리는 색이다. 파란색은 식욕을 억제하는 색이기도 하지만 다른 색의 음식을 더 맛있게 보이게 하기도 한다. 파란색의 식탁이나 식탁보는 음식을 더욱 돋보이고 맛있게 한다. 실내조명도 음식 맛을 좌우한다. 한색 계열의 형광등은 불연속 스펙트럼의 차가운 느낌이 자율신경을 둔하게 할 뿐 아니라 식욕을 억제해 건강에도 좋지 않다. 특히 초밥 같은 경우는 새파랗게 비쳐 음식을 맛없게 보이기도 한다.

열 램프나 백열전구는 음식의 색을 더욱 맛있어 보이게 하고 식욕과 소화까지 촉진시킨다. 정육점의 붉은색 조명과 빵집의 노란색 조명은 음식의 신선도를 높게 보이기 위함이다. 노란 불빛 아래에 있는 빵은 더욱 먹음직스러워 보인다.

우리 조상들은 일찍이 오색 음식으로 오장을 보호한다고 했다. 음식을 청靑, 적赤, 황黃, 백白, 흑黑 다섯 가지 색(오방색)으로 분류했다. 빨간색은 심장, 흰색은 폐, 검정색은 신장, 녹색은 간장, 노란색은 위장에 작용한다고 한다. 한의학에서는 우리 몸의 오장五臟을 보호하기 위해 이렇게 각기 다른 다섯 가지 색의 약재를 처방했다.

붉은색 식품은 순환기 기관인 심장과 흡수기관인 소장을 치료하기 위해, 흰색 식품은 폐와 배설기관인 대장에, 검정색 식품은 배설과 생식을 담당하는 신장, 방광 그리고 생식기의 질환에 처방했다. 또 녹색 식품은 간장을 보호하기 위해 이용하고, 노란색 식품은 소화기관인 위장의 치료를 위해 사용했다.

\ 음식이 마음을 바꾼다 /

음식의 심리
The Psychology of Food

고기를 씹으면서 대화하면 엔도르핀이 다른 음식을 같이 먹을 때보다 훨씬 더 많이 분비돼 빨리 친밀해진다. 또한 치아와 뇌에는 말초신경과 중추신경을 연결하는 긴밀한 신경 네트워크가 존재하기 때문에 씹는 행위만으로도 기분이 좋아질 수 있다.

스테이크를 먹고 난 뒤에 마시는 커피의 카페인에는 뇌를 자극하는 성분이 있어 단기 기억력과 집중력을 높여 주므로 대화에 더욱 집중할 수 있다. 와인 한 잔을 곁들이면 긴장한 두뇌의 신경세포를 이완하고 중추신경을 적당히 자극해 사랑의 감정을 고조시키는 효과가 있다. 특히 와인은 일반 증류주와는 달리 비타민C와 비타민E가 풍부해 감정을 고조시키는 효과가 훨씬 크다.

초콜릿을 먹으면 초콜릿 속의 독특한 쓴맛과 향을 내는 테오브로민Theobromine이란 성분이 심장박동을 증가시켜 약한 흥분성 물질을 만들어낸다. 테오브로민은 대뇌 피질을 부드럽게 자극해서 사고력을 올려줄 뿐만 아니라 강심작용,

▲ 초콜릿을 먹으면 초콜릿 속의 독특한 쓴맛과 향을 내는 '테오브로민'이란 성분이 심장박동을 증가시켜 약한 흥분성 물질을 만들어낸다.

이뇨작용, 근육완화작용 등의 효과까지 있다. 잉카시대에 남녀가 만나면 남자는 꼭 초콜릿과 비슷한 성분의 잎을 준비해 씹게 했다. 그러면 기분이 몽롱해져 쉽게 결혼에 골인했다고 한다. 여기서 유래해 밸런타인데이에는 연인끼리 초콜릿을 주고받게 됐다.

사소한 일로 불안할 때는 행복 호르몬인 세로토닌 수치를 높이면 효과가 있다. 우리 몸은 유제품과 생선, 바나나, 말린 대추, 콩, 아몬드, 땅콩 등 식품에 들어있는 트립토판에서 세로토닌을 생성한다. 세로토닌 생성에는 얼마나 많은 트립토판이 뇌에서 변화를 일으키느냐에 달려있다. 현미와 통밀빵, 귀리 등 정제되지 않은 탄수화물을 섭취하면 뇌에서 트립토판 흡수를 돕는 인슐린이 분비된다.

매운 음식을 먹으면 우리 몸의 열을 내리면서 열기를 밖으로 방출해 체온이 떨어지고 마음이 편안해지는 효과가 있다. 우리 뇌는 쾌락을 담당하는 영역과 고통을 담당하는 영역이 상당히 많이 겹친다고 한다. 매운맛의 고통이 쾌락으로 느껴질 수도 있다.

60명의 참석자들을 대상으로 한 실험에서 한 테이블에는 빨간색의 토마토소스 파스타를, 다른 테이블에는 흰색의 크림소스 파스타를 올려놓았다. 실험 참가자들에게는 흰 접시 또는 빨강색 접시를 주고 이 두 테이블 중 한 곳으로 안내했다.

그 결과 파스타의 색깔과 대조적인 색의 접시에 담은 사람들이 같은 색의 접시에 담은 사람들보다 17~22% 덜 담은 것으로 나타났다. 이들은 접시에 담은 파스타를 약 92% 먹었다. 또한 음식을 큰 그릇에 담으면 작은 그릇에 담는 것보다 약 22% 더 먹게 된다는 사실도 실험을 통해 알아냈다. 미국 코넬 대학 식품 브랜드 연구소Food and Brand Lab의 브라이언 원싱크Brian Wansink 박사는 음식의 색이 그릇의 색과 너무 대조적이어서 음식이 돋보이면서 음식의 양을 '의식'하게 되기 때문이라고 한다.

이는 눈의 착각 때문이다. 음식과 그릇의 색을 대조시키는 것이 이러한 눈의 착각을 바로 잡을 수 있는 방법으로 보인다. 아이들에게 채소를 더 먹게 하려면 채소를 녹색 접시에 담는 것도 한 가지 방법이다.

\ 최고의 맛과 부드러움, 지속성이 있는 깊은 맛 /

제6의 미각
Kokumi

깊은 맛(진한 맛, 농후한 맛, 코쿠미)은 치즈, 조개, 양파, 마늘 등에서 발견된 맛으로 식품 속 화합물이며 자체로만은 맛을 가지고 있지 않지만 다른 맛과 결합해서 맛을 강화하는 작용을 하는 제6의 미각이다. 지방감각의 수용체로서 고기의 맛과 향이 있고 뒷맛의 여운은 고소한 맛이다.

아리스토텔레스가 그의 저서 《영혼론》에서 단맛·신맛·짠맛·쓴맛을 네 가지 기본 맛이라고 정의한 이후 2000년 동안 별 이견이 없었다. 서양에서는 오랫동안 물, 불, 공기, 흙이 만물의 기본 요소라는 4원소 설에 의해 쓴맛, 신맛, 짠맛, 단맛의 4원미로 분류했고, 미각세포가 아니라 통증신경이나 촉각신경에서 느끼는 매운맛을 추가하기도 했다. 그러다 감칠맛이라는 새로운 맛이 등장하게 됐다.

독일의 화학자 카를 하인리히 리트하우젠Karl Heinrich Ritthausen이 1866년 글루텐에 황산을 처리해 감칠맛의 성분인 글루탐산을 얻는데 성공하고, 1908년

◀ 깊은 맛은 치즈, 조개, 양파, 마늘 등에서 발견된 맛으로 식품 속의 화합물이며 자체로 맛을 가지고 있지 않지만 다른 맛과 결합해 맛을 강화하는 작용을 하는 제6의 미각이다.

일본 동경제대의 이케다 기쿠나에 박사가 글루탐산이 감칠맛의 성분임을 발견하면서 제5의 미각이 발견된다.

맛의 일부는 지극히 주관적이고 일부는 감각적이다. 맛에 대한 느낌은 개인차가 크며 식습관, 풍습, 편견, 생리적 상태에 따라 다르다. 제5의 맛에 이어 주목을 받고 있는 6번째 미각인 깊은 맛Kokumi·코쿠미은 특히 저지방 요리에 풍미를 더하는 역할을 한다. 깊은 맛을 더한 요리를 섭취한 사람은 진한 맛, 여운이 남는 뒷맛, 저지방 음식에 기름이 더한 맛이 강화됐다고 느낀다.

깊은 맛은 식품에서 최고의 맛과 뛰어난 부드러움, 그리고 지속성이 있는 맛이다. 깊은 맛을 내는 물질은 칼슘과 아미노산의 일종인 히스티딘Histidine 그리고 효모 추출물 성분인 글루타티온Glutathione 등이다.

하나의 맛이 독립된 맛으로 인정받으려면 미뢰에는 별도의 수용체가 필요하다. 일본의 과학자가 미뢰에 칼슘과 결합하는 별개의 수용체가 있음을 밝히면서 코쿠미의 존재를 확인했다. 깊은 맛은 맛을 진하게 할뿐 아니라 오랫동안 입안에 잔미가 남아있게 한다. 또한 깊은 맛을 내는 물질을 보태면 소금의 짠맛, 설탕의 단맛, 아미노산의 감칠맛을 강화하기 때문에 소금이나 설탕, MSG를 줄일 수 있다. 식품에는 천연적으로 깊은 맛을 내는 물질이 많은데, 마이야르 반응Maillard Reactidn이 일어나는 노릇노릇한 표면에 특히 많다.

조미료 업계에서는 이미 지미성 펩타이드와 조합한 협화발효의 코쿠미 조미료와 코쿠미를 증강시키는 글루타티온 고함유 효모 엑기스를 사용한 코쿠미 조미료를 상품으로 판매하고 있다. 이들 상품은 시장에서 좋은 평가를 받으면서 사용이 점차 확대되고 있다.

\ 짙은 컬러에 숨은 방어용 분비물질 /

파이토케미컬
Phytochemical

　식물성을 의미하는 파이토Phyto와 화학을 의미하는 케미컬Chemical의 합성어다. 즉, 파이토케미컬은 건강과 영양에 도움을 주는 생리활성 성분을 가지고 있는 식물성 화학물질을 의미한다. 여러 화학반응에서 억제제 및 활성산소를 안정시키는 성질을 갖는 화합물인 스캐빈저Scavenger 등으로 작용하며 생리활성 반응을 일으킨다.
　사람이 섭취하면 항산화 물질을 생성하고 세포 손상을 억제해 건강을 유지시켜 주기도 한다. 식물의 방어물질인 파이토케미컬은 식물이 자외선과 경쟁 식물의 생장을 방해하거나 미생물, 해충 등의 외부환경에 대응해 스스로를 보호하기 위해 생성되는 일종의 방어용 분비물질이다.
　파이토케미컬의 역사는 수천 년 전 민간약재로 시작됐다. 히포크라테스는 감기의 처방을 위해 버드나무를 이용했다. 현대에는 버드나무 잎과 껍질에서 항염증 작용을 갖는 살리실산으로 아스피린을 개발했다.

감기증상의 완화가 아닌 치료제로 사용되는 에키나포스 프로텍트Echinaforce Protect정은 아열대 허브로 관상용과 식용이 있는 에키네시아Echinacea라는 천연식물을 고함량으로 추출해 효과를 높인 제품이다.

전 세계적으로 천연의약품에 대한 관심이 높아지고 있다. 천연의약품 소비량의 38%가 유럽에서 사용되고 있는데 특히 스위스와 독일은 천연의약품의 천국으로 불릴 정도로 수요와 관심이 높다.

화려한 색깔 푸드에 많이 함유

파이토케미컬은 과일이나 채소의 화려하고 짙은 색상 속에 많이 함유돼 있다. 색상별로는 붉은색, 주황색, 노란색, 보라색, 녹색에 많이 들어 있다. 레드 푸드Red Food인 토마토, 딸기, 석류, 수박에 들어있는 라이코펜Lycopene과 안토시아닌Anthocyanin은 노화 지연, 전립선 건강 및 간·혈관 건강, 면역력 증가에 도움을 준다.

토마토는 그냥 먹으면 체내 흡수율이 떨어지므로 열을 가해서 먹는 게 좋다. 토마토소스에 들어있는 라이코펜Lycopene의 흡수율은 생토마토의 5배에 달한다. 특히 토마토 한 개에 비타민C 하루 섭취 권장량의 절반정도가 들어 있다. 토마토는 다이어트에도 탁월한 효과가 있다. 열량이 낮고 수분과 식이섬유가 많아 포만감을 준다. 신진대사를 촉진시키는 효과도 있다.

옐로 푸드Yellow Food인 콩, 늙은호박, 오렌지, 감, 귤은 베타카로틴과 비타민C의 기능을 향상시키는 비타민P 헤스페리딘Hesperidin과 카로티노이드Carotinoid가 있어 눈 건강 및 면역력, 뇌졸중과 심장병 예방, 성장발달에 도움을 준다. 특히 호박에 많이 들어 있는 카로틴Carotene은 체내에 들어가면 비타민A가 되기 전

▲ 파이토케미컬은 과일이나 채소의 화려하고 짙은 색상 속에 많이 함유돼 있다.
색상별로는 붉은색, 주황색, 노란색, 보라색, 녹색에 많이 들어 있다.

단계인 전구체가 된다. 산후에 부기가 있을 때 늙은 호박을 먹는 이유가 바로 카로틴 때문이다.

시금치, 오이, 키위, 브로콜리, 케일 등의 그린 푸드 Green Food에는 루테인 Lutein 과 식물성 에스트로겐 Estrogen인 이소플라본 Isoflavones, 폴리페놀 Polyphenol이 있어 노화 지연, 콜레스테롤 수치 개선 및 눈 건강, 세포 건강에 도움을 준다.

퍼플 푸드 Purple Food인 블루베리에는 안토시아닌 Antlocyanin이 있어 노화 지연, 심장 건강 및 항산화 작용에 도움을 준다. 화이트 푸드 White Food인 마늘, 양파는 알리신Allicin과 케르세틴Quercetin 성분이 있어 심장 건강 및 노화 지연, 콜레스테롤 작용 및 혈관 건강에 도움을 준다.

파이토케미컬은 기존의 영양소를 포함하는 이상으로 건강에 이득을 줄 수 있고 생체 방어, 질병의 방지와 회복 등 기호성을 갖춘 영양성과 생체 조절 기능까지 갖추고 있다.

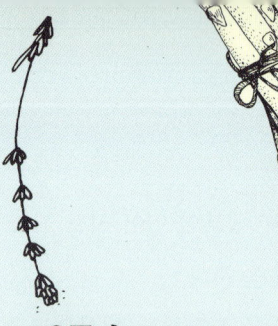
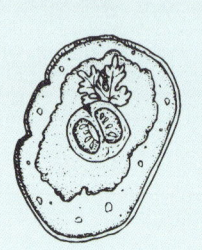

2코스
미식 인문학

루쿨루스 심판 The Judgement on Lucullus _ 83
금기식품 Taboo Food _ 86
디아스포라의 음식 Food and Diaspora _ 89
에스닉 푸드 Ethnic food _ 93
애피타이저 Appetizer _ 97
점심 Lunch _ 103
컨템퍼러리 퀴진 Contemporary cuisine _ 108
한·중·일 젓가락 삼국지 Chopsticks _ 112
비빔밥 Bibimbap _ 116
할랄식품 Halal food _ 121
코셔 Kosher _ 126
품격 있는 식사 1 A Fine Meal _ 131
품격 있는 식사 2 A Fine Meal _ 135
음식문화의 상대주의 Food Culture Relativism _ 139
카르마 음식 Karma food _ 143
투르느도 로시니 Tournedos rossini _ 147
페라나칸 퀴진 Peranakan cuisine _ 151
오뜨 퀴진 Haute cuisine·퀴진 뒤 떼루와 Cuisine du terroir·
누벨 퀴진 Nouvelle cuisine _ 155

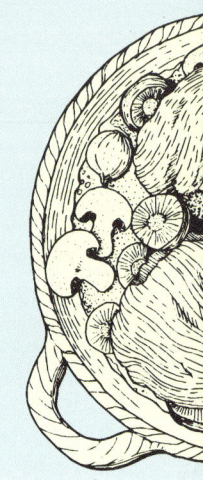

\ 최초의 미식가이자 미식의 대명사 /

루쿨루스 심판
The Judgement on Lucullus

《루쿨루스 심판》은 베르톨트 브레히트Bertolt Brecht, 1898~1956가 대본을 쓴 오페라다. 1951년 3월 17일 《루쿨루스 심문》이라는 제목으로 베를린의 도이치 슈타츠오퍼에서 초연됐다.

루쿨루스Lucullus, B.C. 118~56는 로마의 장군으로 동방의 일곱 왕을 제패해 로마 제국의 영토를 확장하는 데 크게 기여했다. 오페라는 루쿨루스가 죽고 나서 저승 재판관과 저승 배심원들이 그를 저승으로 보낼 것인지 극락으로 보낼 것인지를 심판한다는 내용이다. 심판에서 저승 배심원은 한결같이 루쿨루스가 비록 많은 전쟁에서 승리한 영웅이지만 수많은 인명을 희생시킨 죄인이라며 비난했는데, 루쿨루스의 요리사만이 그를 옹호한다. 이유는 간단하다. 루쿨루스는 전쟁 중에도 요리사에게 생선요리법을 연구할 수 있게 했고, 그가 만든 요리에 대해 칭찬을 아끼지 않았으며 심지어 손수 음식을 만들면서 자신의 요리를 예술로 인정해 준 정말 인간적인 사람이기 때문에 옹호한다는 내용이다.

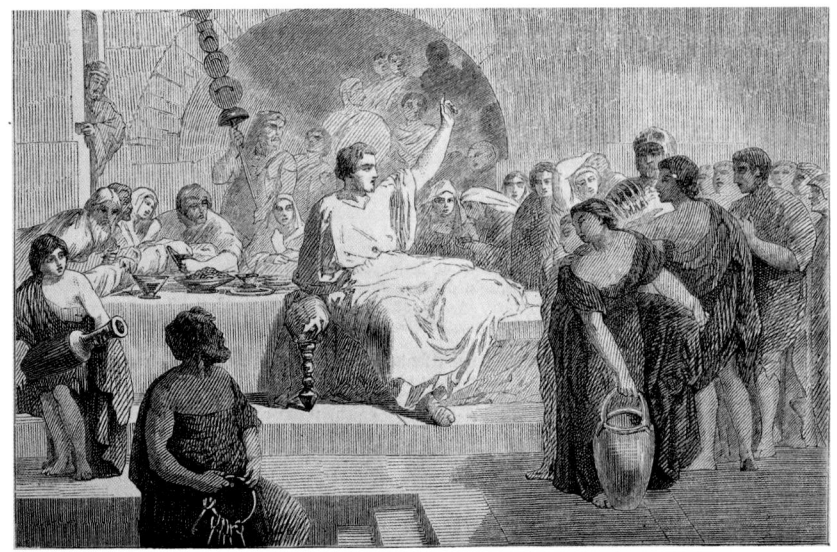

▲ 로마가 수많은 전쟁의 승리로 영토가 확장되고 과도한 재물이 들어오자 로마인들의 소박한 식사는 호화로움의 대명사인 '루쿨루스' 식으로 변했다.

　루쿨루스는 인류 역사상 최초의 미식가이자 미식의 대명사로 불린다. 그는 많은 전쟁을 승리로 이끌고 로마로 돌아와서 은퇴하고 죽을 때까지 동방에서 가져온 재물로 사치스러운 생활을 누렸다고 한다.

　초기의 로마인들은 검소하고 강건한 삶을 자부심으로 삼았다. 그러나 수많은 전쟁에서 승리하면서 영토를 확장하고 과도한 재물이 들어오자 부유층에서부터 서서히 도덕성이 무너지기 시작했다. 소박한 식사는 호화로움의 대명사인 '루쿨루스' 식으로 변했다. 그 당시 부유층에서는 호화로운 식사를 즐기고 난 후 구토제를 섭취하거나 새 깃털을 이용해 목을 자극해 구토한 뒤 또다시 진귀한 요리를 즐기는 것이 유행했다.

루쿨루스는 나폴리 근교의 바닷가를 비롯해 숲으로 둘러싸인 경관이 아름다운 이탈리아 곳곳에 별장을 두었다. 미식 등급으로 손님을 분류해 초대했으며, 그들이 머무는 방으로 미식 등급을 구분했다. 하인들은 식사할 방에 따라 얼마짜리 식사인지 어떤 스타일과 형식으로 음식을 접대하는지 알아서 준비했다. 당시 평민의 연수입이 5000드라크마였는데, 아폴로라는 방의 경우 요리에 사용되는 비용만 5만 드라크마였다.

루쿨루스는 물고기나 새를 직접 키워 항상 신선하고 좋은 재료를 확보했고 채소, 과일, 치즈도 직영농장에서 직접 재배했다. 식사 중에 연주되는 음악, 낭송되는 시, 식사 중에 오가는 대화까지 초대한 손님의 취향에 맞춰 준비했다. 단순히 먹는다는 생리적 욕구를 넘어 자신의 예술적 가치와 철학을 요리를 적용한 행위 속에 그대로 적용한 것이다.

'사치스럽다'는 뜻을 가진 형용사 루컬런Lucullon은 그의 이름에서 유래한 것이다. 먹는 것 자체가 인생의 즐거움이고 활력이 된다면 음식에 대한 애정이 집착에 가까운 것이라도 탓할 수는 없을 것이다.

어느 날 루쿨루스가 혼자 식사를 하자 하인이 검소한 식사를 차려왔다. 하인은 초대받은 사람이 없어 큰 여흥의 필요가 없다고 생각했다. 그러나 그는 상판을 엎으면서 "오늘은 루쿨루스가 루쿨루스와 정찬을 함께하는 것을 몰랐단 말이냐"고 호통을 쳤다는 유명한 일화가 있다.

\ 식습관은 문화의 다름이다 /

금기식품
Taboo Food

유대인과 이슬람교도는 돼지고기를, 인도의 힌두교인들은 소고기를 먹지 않는다. 특히 유대인은 돼지처럼 되새김을 하지 않거나 낙타와 토끼처럼 되새김질은 하지만 발굽이 갈라지지 않는 동물, 비늘과 지느러미가 없는 문어와 낙지 등의 해물을 먹지 않는다.

프랑스인과 벨기에인은 말고기를 좋아하고, 지중해인은 염소고기를 좋아한다. 유럽인은 개고기를 먹지 않는다. 개고기를 식용하는 나라는 우리나라를 비롯해 중국, 인도네시아, 태국, 아프리카 일부, 베트남, 그리고 폴리네시아(타히티인, 하와이인, 뉴질랜드의 마오리족) 사람들 등이다. 쥐고기를 먹는 나라도 있다.

음식을 선호하거나 기피하는 현상은 음식 그 자체의 본질이 아니라 민족 혹은 나라마다 생태학적 조건에 적응하기 위한 노력의 결과다. 먹어도 되는 것과 먹어서는 안 되는 것, 이런 경우에 어떤 음식을 먹으라고 규정하는 것은 사회

▲ 유대인과 이슬람교도는 돼지고기를, 인도 힌두교도는 소고기를 먹지 않는다. 프랑스인과 벨기에인은 말고기를 좋아하고, 지중해 사람들은 염소고기를 좋아한다. 이러한 식습관은 문화의 차이, 혹은 다름일뿐이다.

의 집단의식이나 개인의식, 사회·경제적 관계와 구조적으로 동일하다.

민족마다 식습관은 변화를 거듭하고 있으며 식습관을 문명의 척도라고 판단할 수는 없다. 식습관은 문화의 차이, 혹은 다름이다. 부당한 편견을 버리고 각각의 문화적 전통을 인정해야 각자의 조건에서 적응해온 음식문화를 인정할 수 있다.

미국의 문화 인류학자 마빈 해리스는 저서 《문화의 수수께끼》에서 "음식은 영양가와는 상관이 없다. 우리는 음식을 먹을 때 그것이 구하기 쉽다거나 우리에게 좋다거나 혹은 그것이 실용적이거나 맛이 좋기 때문만은 아니다"고 밝히고 있다. 사람들이 선호하는 음식은 기피 음식보다 비용에 대한 이득이 실질적으로 더 높다. 예를 들어 육식 조리법은 인구 밀도가 상대적으로 낮고 토지 여건상 곡물 재배가 부적당하거나 곡물이 불필요한 것과 관련이 있고, 채식 요리법은 인구밀도가 높고 인간이 먹을 수 있는 단백질과 열량을 줄이지 않고는 가축을 기를 수 없는 환경 및 식량 생산과 관련이 있다고 설명한다.

인도의 힌두교인들은 고기의 생산이 생태학적으로 비실용적이고 고기를 피하는 것이 고기를 먹는 것보다 영양학상으로 훨씬 낫기 때문에 결과적으로 고기를 먹는 것이 나쁘다고 생각했다.

음식 금기 현상을 설명하기 위한 접근방식은 여러가지가 있다. 먼저 어떤 음식을 기피하는 것이 생태적·경제적 조건으로 규정된다는 문화유물론적 입장이다. 대표적인 인물이 바로 마빈 해리스다. 그는 음식 금기 현상을 영양학적·환경적·경제적인 측면에서 비용과 이익의 관계를 연구해 설명하려고 했다. 다른 하나는 음식 금기 현상에 나타나는 문화적인 코드와 상징적 의미를 찾아야 한다는 입장이다. 그러나 이들 각각의 입장은 음식 금기 현상을 지나치게 단순화시킬 우려가 있다. 물질적 측면과 정신적 측면 양극단으로의 환원보다는 양자가 서로에게 미친 영향을 고려해야 할 것이다.

\ 섞임과 통합의 글로컬라이제이션 음식 /

디아스포라의 음식
Food and Diaspora

디아스포라Diaspora는 그리스어로 통과를 뜻하는 'dia'와 파종을 뜻하는 'sperio'의 합성어다. 원래는 팔레스타인을 떠나 세계 각지로 흩어져 살면서 유대교의 규범과 생활 관습을 유지하며 살아가는 유대민족의 경험이나 콘스탄티노플의 몰락 이후 그리스인들의 도피와 같은 비자발적인 이주를 뜻했다. 요즘은 그 의미가 확대돼 자기 나라를 떠나 타국에서 자신들의 생활 양식과 규범을 지키며 살아가는 민족 집단 또는 거주지를 의미한다. 자의든 타의든 자기 나라를 떠나 전 세계를 정처 없이 떠돌아다니는 이방인·경계인·아웃사이더인 셈이다.

디아스포라는 문화적 관행과 삶의 방식을 통해 고국과의 강한 유대감을 유지한다. 집단적으로 사용하는 습관 및 의식, 비슷한 음식문화는 자연스럽게 문화적 정체성을 공유하며 단단한 결속력을 가진다. 타 지역의 언어와 관습, 문화 등 익숙하지 않은 상황에서 오는 동족간의 결속력이 내포돼 있다.

다만 디아스포라 음식은 원집단과 차이가 있다. 자기들만의 고유한 음식문화를 고집하기보다는 서로 다른 문화의 교류를 대변하는 음식이다. 민족의 이동과 이민족간의 만남은 서로의 다른 문화를 포용하고 융합하는 통합의 음식문화로 재창조된다. 세계화와 지역화의 혼합어인 글로컬라이제이션Glocalization 음식인 셈이다.

문화적 경계와 집단 정체성의 창출이기도 하다. 음식문화는 문화적 정체성의 지표이다. 음식문화는 집단 및 개인의 정체성뿐만 아니라 사회적 위치를 나타내기도 한다. 음식의 이동은 사람들의 과거 움직임을 추적하는데 유용하게 사용되며 음식문화를 연구하는 초석이 되기도 한다. 음식문화는 원래 지역에서 다른 지역으로 옮겨가는 이식성이 뛰어나다. 모든 나라의 식단은 수많은 과거 이민자들의 흔적을 남긴다.

디아스포라 음식은 이동과 이주의 산물

이주는 식량·식료품·조리방법을 변경하지 않고 새로운 서식지로 이동시킬 수 있지만 적응·대체·토착화를 통해 그 지역 조건에 맞게 바뀐다. 전통방식의 요리에 그 지역에 생산되는 재료로 만든 선택적 문화의 접변 현상으로 새로운 요리가 탄생하기도 한다. 시간이 지남에 따라 정체성을 채우려는 본능에서 출발한 재료와 요리방법은 서로 다른 나라의 문화를 받아들이며 디아스포라 음식문화로 재구성된다. 디아스포라 음식은 원래의 것과 유사하지 않은 요리의 이분법적 버전이 되는 셈이다.

21세기에는 전 세계적으로 전 지구적 이동과 이주가 일상화된 노마디즘과 디아스포라 문화, 다문화가 일반적으로 나타난다. 특정 토착화된 디아스포라

◀ 독일 이민자들이 소개한 햄버거에 유대인 이민자들이 소개한 훈제쇠고기 Pastrami가 섞인 파스트라미 햄버거

음식이 그 지역 고유의 음식으로 자리 잡기도 한다.

　미국음식은 디아스포라 음식을 대표한다. 신대륙 발견 이전부터 인디언 원주민의 식문화와 초기 식민 세력인 프랑스, 스페인, 영국의 식문화를 바탕으로 초기 이민자인 독일과 유태인의 식문화, 그리고 후기 아시아 이민자의 식문화가 합쳐지면서 다양한 디아스포라 음식이 탄생하게 됐다.

　디아스포라 음식으로는 독일 이민사들이 미국에 소개한 햄버거와 핫도그를 비롯해 유대인의 음식인 베이글Bagel과 훈제연어lox, 훈제쇠고기Pastrami가 대표적이다. 신대륙으로 건너온 프랑스인에 의해 시작돼 인디언과 스페인의 영향이 추가된 케이준 스파이스Cajun spice 역시 유명한 디아스포라 음식이다. 이태리 정통 씬thin피자와는 다른 팬pan피자, 씬피자에 다양한 토핑을 얹은 또다른 씬피자, 그리고 다양한 향신료를 사용하는 타코와 부리토 등 멕시코 요리 역시 미국식으로 자리잡았다. 이처럼 미국은 자국에서 생산되는 식재료로 다른 나라의 조리법과 향신료를 빌려 다양한 민족만큼이나 다양한 종류의 미국 음식을 만들어냈다.

디아스포라 음식을 가장 잘 설명할 수 있는 미국의 남부음식은 유럽과 서아프리카의 음식이 혼합돼 있다. 전통적으로 고기요리가 많고, 튀김요리와 같이 미국의 북쪽지역이나 서부에는 없는 음식이 많다.

바비큐는 흑인들에 의해서 발전됐다. 그들은 아프리카에서 배를 타고 카리브 해를 거쳐 미국으로 옮겨오는 도중 카리브에 살던 인디언들로부터 바비큐 방법을 배웠다고 한다. 비싼 부위의 고기가 필요하지 않기 때문에 주로 가난한 남부 흑인들의 주식으로 자리 잡았다.

\ 세계인이 반한 제3세계의 음식 /

에스닉 푸드
Ethnic food

에스닉 푸드Ethnic food란 제3세계의 고유한 음식을 이르는 말이다. 에스닉Ethnic은 '민족적인·이교도의'를 뜻하는 단어로 특히 소수민족을 가리킨다.

에스닉 푸드는 주로 동남아, 아프리카, 중근동, 중남미, 중앙아시아, 몽골 등지의 선봉음식이다. 요즘에는 모로코, 아르헨티나, 불가리아 등 다소 낯선 세계의 음식까지 포함하고 있으며, 한식 역시 에스닉 푸드로 분류한다. 대표적인 음식으로 베트남의 쌀국수, 인도의 커리, 태국의 똠얌꿍, 상하이의 덤플링을 비롯해 스시와 브리또를 합한 스시리또Sushiritto, 스시타코, 케밥, 토르티야Tortillas, 모로코 쿠스쿠스Couscous 등이 있다.

미국은 에스닉 푸드를 크게 4가지 형태로 구분한다. 멕시칸(히스패닉) 음식, 아시아 음식, 인도 음식 그리고 캐리비안·중동·하와이·동유럽 등 기타 음식으로 나눈다. 이들 음식은 이국적인 채소를 비롯해 각종 허브와 향신료 등 저칼로리 재료로 만들기 때문에 웰빙요리로 주목받고 있다.

국내에서는 2000년대부터 에스닉 푸드에 대한 관심이 높아지기 시작했다. 웰빙 열풍을 비롯해 많은 해외 경험과 다양한 이민 인구의 유입으로 이국의 문화를 쉽게 받아들이는 풍토가 형성됐기 때문이다.

에스닉 푸드는 특히 미국에서 매년 지속적인 성장세를 거듭하고 있다. 어느 곳에서나 쉽게 구입할 수 있는 구매의 용이함과 간편하게 조리할 수 있는 프리메이드Pre-made의 편리성 그리고 건강 음식이라는 콘셉트가 인기의 비결이다. 또한 외식 비용을 줄이면서 식사를 통해 새로운 경험과 즐거움을 얻을 수 있는 캐주얼 레스토랑인 비스트로Bistro, 음식의 질은 높이되 서비스를 간소화한 구르메 델리Gourmet Deli 형태의 퀵서비스 레스토랑, 온종일 아침식사 메뉴를 제공하는 전일식사 카페All day Breakfast Cafe에서 인기가 꾸준히 상승하고 있다.

에스닉 푸드는 별미라는 개념을 넘어 세계 어디에서나 쉽게 만날 수 있는 대중적인 음식으로 자리를 잡고 있다. 미국의 가정에서 에스닉 식품이 메인 메뉴로 부상할 가능성은 낮은 편이지만 설문 조사에 의하면 응답자의 84%가 이미 한 달에 한 번은 가정에서 에스닉 푸드를 요리한다고 밝혔다. 또 응답자의 2/3가 에스닉 요리를 준비할 때 에스닉 소스 및 성분이 들어간 조미료를 사용하고, 28%는 에스닉 요리를 평소에 3~4가지는 즐기며 집이나 레스토랑에서 정기적으로 에스닉 요리를 즐긴다고 응답했다. 연령대가 18~24세 사이의 응답자 중 91%가 최근 한 달 이내에 에스닉 푸드를 먹은 적이 있다고 대답했다. 젊은층의 에스닉 푸드에 대한 호기심은 향후 에스닉 음식 시장의 성장에 크게 기여할 것으로 예상된다.

미국의 에스닉 푸드 보고서에 의하면 지난 2004년 이래 매출이 급증하고 있는 에스닉 푸드의 시장 규모가 22억 달러에 달했고, 2010년부터 2014년의 기간 동안 20%가 추가 확대됐다고 한다. 에스닉 푸드 중에 멕시코 음식이 시

▲ 에스닉 푸드는 별미라는 개념을 넘어 세계 어디서나 쉽게 만날 수 있는 대중적인 음식으로 자리 잡고 있다.

장의 62%를 점유하고 있고 다음으로 인도 음식이 35%, 아시아 음식이 11% 정도를 점유하고 있다.

  에스닉 푸드는 자연과의 조화와 순응이라는 인간과 자연의 일체감 속에 아직 서구화되지 않은 소수민족이 지닌 독특한 음식문화다. 변화하는 자연환경과 인간의 서구화된 생활환경에서 자연으로 회귀하고 싶고, 자연과 함께 호흡하고자 노력하는 현대인에게 가장 적합한 라이프 스타일의 음식문화이기도 하다. 메뉴 구성도 그 민족만의 독특한 음식문화에 중점을 둔다.

  경기 침체로 인한 직장 내 구조조정으로 업무량이 증가하면서 가족과 함께 하는 식사 개념이 점차 사라지고 건강하고 빠른 식사 문화가 급속하게 확산되고 있다. 혼자 하는 식사가 늘어나면서 애피타이저, 디저트 등이 포함된 전통적인 코스 요리의 가족 식사는 줄어들고 좀 더 빠른 소비로 이어지는 식사의 비율이 높아지면서 에스닉 음식의 소비가 꾸준히 증가하고 있다.

\ 식사 전에 즐기는 식욕촉진 요리 /

애피타이저
Appetizer

전채요리를 의미하는 프랑스어 오르되브르Hors d'oeuver에서 hors는 앞前을 의미하고, d'oeuver는 식사라는 뜻이다. 즉, 식전 요리 또는 전채요리다. 영어로는 애피타이저Appetizer, 스웨덴에서는 스모가스보드Smorgasbord, 러시아에서는 자쿠스키Zakuski, 중국에서는 이미 만들어 놓은 음식을 의미하는 쳰차이前菜, 이탈리아어로는 아페르티보Aperitivo라고 불린다. 아페르티보는 연다는 뜻을 가진 단어로 입맛을 돋울 목적으로 나오는 음식이란 의미다.

일반적으로 레스토랑에 가면 치아바타Ciabatta, 포카치아Focaccia 등 빵이나 톡 쏘는 딥과 함께 먹는 바삭한 막대 비스킷인 그리시니Grissini 등이 식탁 위에 있다. 그러나 제대로 된 파인다이닝 레스토랑에 가면 한 입에 간단히 집어 먹을 수 있는 핑거 푸드로 올리브유에 구운 바게트에 토핑 된 샐러드의 담백하고 신선한 맛의 브루스케타Bruschetta, 바삭한 듯 쫀득한 가지튀김, 조개관자 구이, 날고기나 생선을 얇게 썰어 레몬즙이나 드레싱에 살짝 절인 카르파치오

Carpaccio, 치아바타에 다양한 속 재료를 넣은 샌드위치의 일종인 파니니Panini와 같은 음식이 나온다. 음료는 와인이나 스푸만테Spumante라고 불리는 샴페인, 물 등을 먹을 수 있다. 물론 맥주도 가능하다.

터키, 그리스, 중동의 전채요리인 메제Meze는 채소와 콩, 곡류를 비롯해 조개, 고기 등을 사용해 다채롭게 만든다.

터키의 대표적인 전채요리 돌마Dolma는 터키어로 '가득 차다, 채워 넣다'라는 뜻이다. 채소에 쌀, 고기 등의 내용물을 채운 요리로 고급 레스토랑에서는 메제를 카트에 싣고 서빙한다. 돌마는 그리스에서는 도르마데스, 아랍에서는 마흐시르라 불리며 중동이나 동지중해 일대에서 매우 대중적인 요리다. 양도 넉넉해서 메제 몇 개로 메인요리를 대신하기도 한다. 대표적인 도마테스 돌마스 Domates Dolmas는 토마토의 속을 파내고 쌀과 고기, 향신료를 볶아 넣은 요리다. 시가라 뵤렉Sigara Boregi은 춘권과 비슷한 모양으로 속에는 치즈와 파슬리가 들어있다. 터키식 피망만두인 비베르 돌마스Biber Dolmas는 피망이나 파프리카 작은 것에 다진 소고기와 쌀을 볶아 넣는다.

연회 전 독한 술과 자쿠스카 제공에서 유래

오르되브르의 기원은 일찍이 러시아에서 연회를 하기 전에 별실에서 기다리는 고객에게 독한 술과 함께 자쿠스카Zakuska라는 간단한 요리를 제공한 데서 유래됐다고 한다. 또 다른 학설은 14세기 초엽에 이탈리아의 탐험가 마르코 폴로Marco Polo가 중국의 원나라에 가서 배워 온 맥류 및 냉채요리가 이탈리아를 통해 프랑스로 건너가 오르되브르가 됐다고 한다. 양식의 본 요리는 수프부터 시작한다. 애피타이저는 수프를 내기 전에 식욕을 촉진하고 공복을 달랠

◀ 터키식 피망만두인 비베르 돌마스 Biber Dolmas는 피망이나 파프리카에 다진 소고기와 쌀을 볶아 넣은 대표적인 전채요리다.

수 있는 요리로 주 요리의 맛을 손상시키지 않아야 한다.

애피타이저는 몇 가지 조건을 갖추어야 한다. 첫째, 한 입에 먹을 수 있게 만들어 예쁘고 짜임새 있게 준비해야 한다. 둘째, 맛이 좋고 메인요리와의 중복을 피하며 균형이 잘 이루어져야 한다. 셋째, 계절적인 감각이 있고 지방색을 곁들이면 더욱 좋다. 넷째, 침의 분비를 촉진해서 소화를 도울 수 있도록 짠맛, 신맛이 어울려야 한다. 다섯째, 식욕을 돋우는 음식인 만큼 맛뿐만 아니라 시각과 미각을 동시에 만족시켜야 한다.

차갑거나 따뜻하거나

전채요리에는 차가운 애피타이저와 따뜻한 애피타이저가 있으며, 재료 그대로의 형태와 맛을 살리는 생 전채요리와 조리를 통해 모양이나 형태가 바뀐 가공된 전채요리가 있다. 찬요리의 애피타이저로는 세계 3대 진미로 꼽히는 캐비어, 푸아그라, 트러플이 있다.

캐비어는 철갑상어의 알이다. 흑해와 카스피해에서 서식하는 철갑상어의 알을 소금에 살짝 절인 것이다. 캐비어는 바다의 맛을 고스란히 담고 있으며 최음제 성분으로도 사용된다. 알을 품고 있는 철갑상어의 종류에 따라 가격과 맛은 천차만별이다. 심해에서 살며 회색빛을 띠는 벨루가Beluga, 황금색이나 갈색의 견과류 맛이 나는 오세트라Osetra, 검은색에 가까우면서 섬세한 맛이 일품인 세브루가Sevruga로 구분한다. 먹을 때는 얇고 직사각형으로 바삭하게 구운 멜바토스트나 러시아식 전병인 블루니에 캐비어, 레몬즙, 다진 양파, 삶아 으깬 달걀노른자, 흰자, 케이퍼(시큼한 향과 약간 매운 맛이 나는 지중해 연안에 널리 자생하는 식물의 꽃봉오리를 식초에 절인 향신료)등을 함께 올려 만들며 손으로 집어 먹는다.

버터처럼 부드러운 맛의 푸아그라는 거위의 간으로 식도락가들은 프랑스 남부 페리고르Perigord 지방의 스트라스부르Strasbourg에서 생산되는 짙은 핑크색 푸아그라를 최고로 친다. 재료를 다져 틀에 넣고 식혀 얇게 썬 푸아그라 테린Terrine을 빵이나 비스킷에 올려 먹으며 센 불에 살짝 익혀 먹기도 한다.

트러플Truffle은 떡갈나무나 헤이즐넛 나무의 5cm~1m 아래에서 자라는 버섯으로 사람의 육안으로는 찾기 힘들어 훈련된 개나 돼지를 이용해 채집한다. 진한 향이 있어 날 것으로 얇게 썰어 샐러드 등에 넣어 먹거나 프랑스에서는 전채요리인 파테Pate나 수프, 송아지 고기, 바다가재 요리에 넣기도 한다.

◀ 찬요리의 애피타이저인 캐비어. 푸아그라, 트러플과 함께 세계 3대 진미로 꼽힌다.

차가운 전채요리, 진한 맛, 따뜻한 전채, 가벼운 요리 순

이외에도 차가운 전채요리에는 생굴이나 새우칵테일, 훈제연어 등이 있고 따뜻한 전채요리로는 파이Pie가 있다. 에스카르고Escargot, 식용달팽이도 맛이 뛰어난 전채요리로 꼽힌다. 차가운 전채요리 다음에는 비교적 진한 맛의 요리, 따뜻한 전채, 가벼운 요리 순으로 먹는다.

푸아그라를 전채로 할 경우 수프를 생략하거나 메인요리의 생선을 제외하는 것이 좋다. 비슷한 맛이 겹쳐서 각각의 맛을 음미하기 어렵기 때문이다.

그리스의 메제Mazes, 중국의 딤섬Dimsum, 스페인의 타파스Tapas, 멕시코의 안토히토Antojito 등 다양한 나라의 애피타이저들이 메인요리로 부상하고 있다. 이들은 핑거 푸드 형태로 음식의 양보다 질과 다양함을 중시하고 좀 더 가벼운 식사를 선호하는 트렌드와 부합하기 때문이다. 세계적인 트렌드로 외식업계에 불고 있는 작은 접시Small plate 현상은 그래서 당분간 더 지속될 전망이다.

\ 아침과 저녁사이 점을 찍다 /

점심
Lunch

점심點心은 글자 그대로 아침과 저녁 사이 마음에 점을 찍듯이 간단하게 요기한다는 뜻이다.

점심은 중국 남송南宋 시대 한세충韓世忠이라는 장군의 아내 양홍옥梁紅玉의 이야기에서 유래한다. 금나라와 전쟁이 벌어졌을 때 장군의 아내가 손수 만두를 빚어 군사들에게 나눠 주었다. 하지만 군사의 숫자가 너무 많아 넉넉히 나눠줄 수 없자 "만두의 양이 많지 않으니 마음心에 점點이나 찍으십시오"라고 말했다고 한다.

요즘이야 기본적으로 우리의 몸이 하루 세 끼에 최적화돼 있지만 서양이나 우리나라 모두 하루 세 끼가 보편화된 것이 그리 오래지 않았다. 실록에 의하면 태종 6년에 각 관아에서 점심을 없애라고 지시를 한 기록이 보이고 정조 때의 학자 이덕무李德懋, 1741~1793가 쓴 《양엽기》에는 조선사람은 조석 2식으로 한 끼 5홉씩 하루 한 되를 먹는다고 했다. 또 순조 때 실학자인 이규경李圭景,

1788~1856은 그의 책 《오주연문장전산고五洲衍文長箋散稿》에서 해가 길어지기 시작하는 추분부터 이듬해 정월까지 다섯 달 동안 점심을 먹지 않고 조식과 석식 두 번만 먹었다고 기록하고 있다.

하루 세 끼를 탐닉으로 여겼던 시대

일본의 전통적인 식사 습관 역시 조식과 석식으로 두 번이었으나 메이지 시대 이후인 19세기 말부터 하루 세 끼로 정착됐다. 반면 로마인들은 하루 한 끼만 먹었다. 저녁시간 쯤 그날의 한 끼 식사를 했고, 그 이상 먹는 것을 사치나 탐닉으로 여겼다.

중세의 수도원에서도 아침 미사 전에는 음식을 먹지 않고 하루의 중간에 한 번씩 먹었다. 이 때쯤 등장한 단어가 아침식사 즉, 밤새 먹지 못했던 걸 드디어 먹는다Break the night's fast는 뜻의 브랙퍼스트Breakfast이다. 브런치는 브랙퍼스트Breakfast의 'Br'과 런치Lunch의 'Unch'의 합성어로 점심시간 전까지의 식사를 말한다. 요즘은 식생활의 변화로 브런치Brunch를 많이 즐긴다. 브런치는 단순히 음식을 먹는 식사자리가 아니라 지인들과 정기적으로 만나는 소박하고 정겨운 사교의 장으로 자리매김하고 있다.

프랑스에서는 17세기에 이르러서야 비로소 모든 계층이 아침밥을 먹기 시작했다. 1740년에는 부유한 가문을 중심으로 조찬 룸 또는 모닝 룸이 출현했고, 19세기에는 귀족들의 아침 식탁에 매일 24가지 음식이 나오는 사치와 낭비가 극에 달하기도 했다.

영국을 비롯해 서양에서의 본격적인 하루 세 끼 식사 습관은 산업혁명 이후인 1830년대부터다. 공장 노동자의 노동 강도가 강해지고, 경제가 발전하면서

▲ 우리나라 직장인들이 점심시간에 많이 찾는 메뉴 중 하나인 된장찌개와 밥

사람들의 삶이 풍요로워짐에 따라 하루 세 끼 식사가 자연스럽게 대중화되기 시작했다.

짧아지는 점심시간, 마음에 점만 찍다

경제구조가 복잡한 선진국일수록 점심이라는 개념은 점점 더 모호해지고 있다. 미국 직장인의 평균 점심시간은 15분이다. 63%는 일주일에 한 번, 20%는 일주일에 3~5번 점심을 생략한다. 42%는 점심을 자동차나 사무실에서 간단하게 때운다. 느긋하게 점심식사를 하는 사람은 3%에 불과하다. 직장인의 대부분인 55%는 허둥지둥 사무실에서 점심을 해결한다. 미국 직장인 10명 중에 8명은 점심시간이 없다. 그 중 28%는 아예 없고 39%는 책상에서 해결한다. 제대로 점심을 먹는 사람은 19%에 불과하다. 일본은 1983년 33분이던 점심시간이 1993년에는 28.6분, 2012년에는 19.6분으로 짧아지고 있다.

미국인들이 햄버거, 샌드위치, 피자, 핫도그 등 나이프나 포크, 젓가락을 사용하지 않고 격식 없이 손으로 먹는 핑거 푸드Finger food를 즐기게 된 것이나 일본에서 스시, 덮밥류, 라멘 등과 같은 속성 음식이 발달한 것도 점심시간이 짧아지는 데서 원인을 찾을 수 있다. 글자 그대로 점심은 마음에 점을 찍는 것으로 그친다.

이에 반해 지금은 많이 변화하고 있지만 스페인, 그리스, 이탈리아 등 지중해 연안 국가와 라틴문화권에서는 9시에 출근해 오전 11시부터 1시간 동안 간식시간을 갖고, 12시에 업무에 복귀해 오후 2시부터 점심 및 2시간의 낮잠 시간을 갖는 시에스타Siesta를 보낸다. 오후 4시 30분쯤에 다시 업무에 복귀해 오후 7시에 퇴근하고 밤 10시가 되면 그때부터 저녁식사 시간을 가진다.

대체적으로 동양에서는 아침을 푸짐하게, 점심과 저녁은 가볍게 먹는다. 그러나 최근 우리나라에서는 사회·경제적인 변화로 일찍 출근하는 생활이 일상화되면서 아침 식사를 충분히 할 수 없기 때문에 점심을 충실히 먹는 현상이 나타나기도 한다. 반대로 서양에서는 아침과 점심을 가볍게, 저녁은 푸짐하게 먹는다.

음식문화는 그 나라의 고유한 문화와 국민적 정서를 내포하고 있다. 나라마다 다른 환경과 문화를 가지고 있기 때문에 음식문화에도 마찬가지로 서로 다른 상대적인 특성이 있는 것이다.

\ 시간과 공간에 집중하는 요리 /

컨템퍼러리 퀴진
Contemporary cuisine

컨템퍼러리Contemporary의 사전적 의미는 '동시대의', '현대의', '당대의'란 뜻이다. 말하자면 현재 가장 새로운 요리 콘셉트를 표현하는 용어다.

요리는 유행과 시대상에 따라 변하거나 바뀐다. 새로운 메뉴는 새로운 미각을 탄생시키고 새로운 미각의 탄생은 새로운 트렌드를 만든다. 컨템퍼러리는 클래식에 반대되는 개념이다. 정통 방식이라기보다 요리방법 및 분위기 등이 현대적이다. 일식, 한식, 양식으로 구분하는 것보다 그 지역 국민들이 좋아하고 즐겨 먹는 음식을 그 지역에서 생산된 식재료로 요리한 것을 '컨템퍼러리 퀴진'이라고 한다.

퓨전은 서로 다른 나라의 음식을 결합해 새로운 분위기의 음식을 만드는 것을 의미하지만 컨템퍼러리 퀴진은 시간과 공간에 집중한다. 현재 그 장소에서 우리가 먹고 있는 음식에 셰프의 정성과 철학을 보탠다. 전통 요리에 뿌리를 두고 보편적인 맛을 지닌 특이한 요리가 될 수도 있다. 지역, 유행, 기후, 문화, 입맛 중 무엇에도 개의치 않는 가장 자연스럽고 합리적인 요리다. 이탈리안 음식이 될 수도 있고 중식이 될 수도, 한식이 될 수도 있다.

중요한 것은 이 땅에서 나는 건강한 식재료로 만드는 것이다. 한식, 일식, 중식, 프랑스식 등으로 구분하는 시대는 끝났다. 자국민이 지금 현재 가장 좋아하고 즐겨먹는 음식을 지역에서 나는 건강한 식재료로 정성 들여 요리하는 컨템퍼러리 퀴진이 전 세계적인 요리 트렌드다. 끊임없이 들어오는 외국 음식들, 타국의 향신료, 변하는 입맛 등 변화를 굳이 부정하지 않고 자연스럽게 받아들인 지금의 한국 음식이 코리안 컨템퍼러리 퀴진인 셈이다 .

요리는 손으로만 하는 것이 아니다. 가슴으로도 만들고 머리로도 만든다. 우리 주변에 있고 쉽게 볼 수 있는 것, 우리에게 너무나 익숙한 것들을 기발하게 재구성해 요리로 표현한다. 요리에도 창조적 융합이 필요하다. 바로 거꾸로 뒤바꾸기Reversion다. 우리가 익숙하게 알고 있는 한식에 일식을 지극히 사실적으로 표현하는 것도 뒤바꿈을 유발하는 효과가 크다. 또 다른 합성 방법은 상호 모순적인 대상의 변증법적 합성이다. 이질적인 것을 하나로 결합하는 것이다.

모순은 역발상에서 출발한다. 모순은 어떤 사실의 앞뒤 또는 두 사실이 이치상 어긋나서 서로 배척해 양립할 수 없는 관계를 뜻하지만 모순 속에 진정한 진리가 담겨 있다. 모순은 상대방을 설득하는 데 가장 효과적인 수단이다. 훌륭한 셰프는 현명한 모순을 창조하는 사람이다. '웃고 있어도 눈물이 난다', '맛있으면서 몸에 좋은', '값싸면서 푸짐한'처럼 두 개념을 한 줄에 섞어놓는 게 역발상의 시작이다.

요리의 창조는 새로운 눈으로 보는 것이다. 관습적 결합과 익숙한 인과 관계를 해체하고 새롭게 합성하는 것이 창조적 융합이다. 지금 우리는 너무 많은

▲ 컨템퍼러리 퀴진은 전통 요리에 기초를 둔 보편적인 요리를 말한다

메뉴가 존재하는 시대에 살고 있음에도 불구하고 늘 새로운 것을 원한다. 음식 부문에서는 더 이상 새로운 것이 나올 수 없을 정도로 잠재력이 고갈됐다. 더 이상 하늘 아래 새로운 것은 없다. 분리, 변형, 재배열, 재합성을 통해 가치와 속성, 디자인, 접근법 등으로 새로움을 창조하는 능력이 필요하다.

컨템퍼러리 퀴진은 전통 요리에 기초를 둔 보편적인 요리를 말한다. 전통을 바탕으로 한 동서양 요리법 중 가장 합리적인 것을 찾아내 만든 진정한 감동을 주는 요리다. 감동과 정성이 없는 음식은 생명력이 짧다. 요리는 자유로워야 한다. 또 진화해야 한다.

한국요리가 국제화되지 못하는 이유는 곁들임 요리의 수가 많고 조리법이 어려워 표준화가 어렵다는 것도 있지만 중요한 것은 세계인의 입맛에 어필할 수 있는 자유롭고 진화된 한국 요리를 개발하지 못한 탓이 크다.

감동과 함께 하는 음식을 먹든 효율성과 즐거움을 함께 하는 음식을 먹든 그것은 선택의 문제다. 18세기 프랑스의 정치가이자 미식가인 브리야사바랭Brillat-Savarin은 《미각의 생리학》에서 "식사의 쾌락은 다른 모든 쾌락이 사라지고 난 후에도 마지막까지 남아 우리에게 위안을 주고, 새로운 요리의 발견은 새로운 천체의 발견보다 인류의 행복에 더 기여한다"고 했다.

\ 식생활을 가르는 도구문화의 거대한 축 /

한·중·일 젓가락 삼국지
Chopsticks

식생활 문화에서 식기와 도구는 그 민족의 자연적·사회적·경제적 조건과 특성이 내재되어 있는 문화적 형태와 깊은 관련이 있다. 식기와 도구를 사용하는 모습을 통해서도 그 민족의 문화적 특성을 이해할 수 있다.

한국, 중국, 일본은 공통점이 많다. 모두 한자를 쓰고 유교와 불교를 바탕으로 한 정신이나 문화뿐 아니라 신체적인 조건도 비슷하다. 그러나 한국, 일본, 중국은 같은 젓가락 문화권이지만 젓가락의 생김새, 길이, 재질 그리고 용도도 다르다. 특히 숟가락과 젓가락을 동시에 사용하는 민족은 우리민족뿐이다. 우리나라의 음식에는 전통적으로 탕반 종류가 많다. 자연스럽게 밥과 국은 숟가락으로 먹고 젓가락은 반찬을 먹는 보조도구로 사용한다.

반면 중국과 일본은 숟가락이 있지만 중국은 젓가락으로 밥을 먹고 숟가락은 깊이가 있어 기름지고 걸쭉한 음식을 식혀 입술에 대고 마시는 역할을 한다. 일본은 미소시루조차 숟가락을 사용하지 않고 국그릇을 들고 음료수를 마시듯 마신다. 식당에서도 별도로 요청하지 않는 한 숟가락은 나오지 않는다.

젓가락을 사용할 때는 30여 개의 관절과 64개의 근육, 그리고 250여 개의 신경조직이 동시에 움직인다고 한다. 젓가락은 손이 연장된 신체 기관의 연장선이다. 과학적 응용 행동 발달 분석에 따르면 젓가락을 많이 사용하는 학생이 두뇌발달이 훨씬 더 우수하다고 한다. 미래학자 앨빈 토플러Alvin Toffler는 《미래 혁명》에서 "젓가락을 사용하는 민족이 21세기 정보화 시대를 지배한다"고 했다. 쌀을 주식으로 하는 아시아 국가 중 15억여 명이 젓가락을 사용하고 있다.

전 세계적으로 유럽, 미국, 러시아 등 나이프와 포크 등 커트러리Cutlery를 사용하는 문화권이 30%이고 한국, 일본, 중국 동남아 등 젓가락을 사용하는 문화권이 30%이며 동남아시아 일부, 중동, 아프리카 등 손으로 먹는 문화권이 40%다. 포크와 나이프는 르네상스 시대부터 사용했으며, 영국에서는 17세기 후반까지도 사용하지 않았다. 프랑스의 젊은 국왕 루이 14세가 지은 베르사유 궁전에서도 포크와 나이프를 사용하지 않았다. 중국은 전국시대 말기B.C. 403~221, 지금으로부터 3000년 전부터 젓가락을 사용했다. 우리나라는 백제 무령왕릉에서 청동으로 만든 젓가락이 발견됐는데 이는 1500년 전 젓가락이 널리 쓰였음을 알 수 있다. 일본은 8세기 무렵 나라시대부터 사용했다.

중국은 원형 탁자에서 식사하다 보니 음식과 먹는 사람의 거리가 멀다. 멀리 있는 음식을 집기 위해 당연히 젓가락이 27cm 정도로 길다. 그리고 튀기거나 기름에 구운 음식이 많기 때문에 한국이나 일본보다 끝이 뭉툭하고 표면이 넓은 편이며 나무로 된 재질이 대부분이다.

일본의 젓가락은 우리나라처럼 반찬을 집어 입으로 직접 가져가는 것이 아니고 밥그릇을 반찬 있는 곳으로 가져가서 반찬을 그릇에 담고 밥을 들고 떠

◀ 한국, 일본, 그리고 중국은 같은 젓가락 문화권이지만 젓가락의 생김새, 길이, 재질 그리고 용도는 다르다.

먹는 습관 때문에 길이가 20cm 정도로 한국과 중국에 비해 짧다. 끝부분도 뾰족하다. 생선의 가시를 발라내기도 하고 껍데기가 있는 해산물을 먹을 때나 우동과 같은 면류를 많이 먹기 때문이다.

 한국의 젓가락의 길이는 25cm 정도로 중국보다 짧고 일본보다는 길다. 끝은 납작한 편이다. 콩자반도 젓가락으로 집어 먹고 절묘한 힘의 배합이 필요한 무른 묵도 먹는다. 힘을 정확히 전달하기 위해 쇠로 만든다. 과거 궁중에서는 값비싼 금·은·칠보 등으로 만든 젓가락도 있었지만 민간에서는 대부분 나무나 놋쇠로 만든 젓가락을 사용했다. 요즘에는 스테인리스강이나 가벼운 알루미늄을 많이 쓴다. 우리의 젓가락은 용도가 다양하고 섬세하다. 김치와 같은 음식을 먹을 때는 젓가락으로 찢어서 먹기도 한다. 여러 장 겹친 깻잎 절임을 한 장씩 떼어 먹기도 한다.

  문명과 비문명의 차이는 일상적인 습관에서 나온다. 젓가락 문화는 이제 서양에서도 고급문화로 대접받기 시작했다. 10여 년 전부터 호주를 비롯한 미국, 영국 등에서 상류층을 중심으로 식사 예절에서 젓가락질을 가르치고 있다. 우리의 젓가락 미학은 외국인에게 감동을 줄 수 있는 문화적 요소이기도 하다.

\ 모든 반찬을 섞어 나눠 먹는 평등의 음식 /

비빔밥
Bibimbap

 비빔밥은 여러 가지 찬을 한 데 섞어 비빈다는 뜻에는 차이가 없지만 명칭은 시대에 따라 변해 왔다. 조선 순종 시기 홍성모는 1849년에 쓴 저서 《동국세시기》의 〈동짓달편〉에서 '골동지반骨董之飯'이라고 표기했다. 1800년대 말엽, 작자미상의 필사본인 《시의전서》에는 한글로 비빔밥을 '뷔빔밥'으로, 한자로는 '骨董飯골동반'이라 표기했다. 비빔밥의 조리법이 처음으로 기록된 것도 이 책에서다.

 골동반의 '骨'은 '어지러울 골'자이고 '童'은 '비빔밥 동'자다. 골동骨童이란 여러 가지 재료를 한데 섞는 것을 말하고 골동반이란 이미 지어 놓은 밥에 여러 가지 찬을 섞어 비빈 음식을 의미한다. 1917년 최남선이 만든 출판사인 신문관에서 초판이 발행된 《조선요리제법》에는 '부빔밥'(1939년 9판)으로 표기돼 있다.

 비빔밥은 예로부터 우리나라 전국에서 널리 즐기던 시대와 장소, 신분을 초월한 대중적인 음식이다. 또한 맛있는 반찬이 있으면 집안의 어른이 먹기 전에 어린아이나 부녀자가 먼저 먹는 일이 없었던 우리네 밥상 문화에서 비빔밥은 모든 반찬을 섞어 골고루 나눠 먹었던 평등의 음식으로 통했다. 더불어 비빔밥은 우리의 공간전개형 식문화에서 들녘에 농사를 지을 때나 전쟁 중일 때 그릇 수를 대폭 줄일 수 있고 신속성을 지닌 대표적인 패스트푸드로 국밥과 비슷한 특징을 갖고 있다.

지역별 비빔밥의 종류

비빔밥은 뚜렷한 지역적 특성을 반영하고 있다. 전국적으로 유명한 비빔밥은 진주비빔밥, 안동 헛제삿밥, 전주비빔밥, 해주비빔밥 등을 들 수 있다.

화반花盤이라고도 불리는 진주비빔밥은 육회, 나물, 숙주, 파래, 무채, 고사리 등을 얹고 바지락살을 다져 참기름에 볶다가 물을 넣고 끓여 국간장으로 간을 한 보탕국을 비빔밥에 떠 넣고 엿고추장으로 비벼먹는다. 진주비빔밥에 선짓국을 곁들이는 것이 특징이다.

안동 헛제삿밥은 제사 후 제사음식으로 비빔밥을 해 먹던 풍습에 따라 평상시 제사를 지내지 않았지만 제사음식과 같은 재료로 비빔밥을 만든다. 특히 제사 음식을 만들 때처럼 파, 마늘, 고춧가루를 쓰지 않고 조리한 각종 제수용 나물을 넣어 간장에 비벼 먹는다. 반드시 소고기 무탕국을 곁들이며 돔배기(상어고기 산적)와 조기, 일부 지방에서는 간고등어와 같이 먹는다.

전주비빔밥은 평양냉면, 개성 탕반과 함께 조선의 3대 음식의 하나로 통했다. 숙주나물을 쓰는 진주비빔밥과 달리 콩나물을 사용한다. 콩나물도 임실 쥐눈이콩(서목태)으로 기른 것을 사용했다. 전주비빔밥이 한국의 유명 음식

◀ 비빔밥은 예로부터 전국적으로 널리 즐기던 음식으로 시대와 장소, 신분을 초월하는 평등의 음식이다.

으로 자리 잡은 것은 콩나물, 황포묵 등 전주의 특산물과 가장 잘 어우러지기 때문이다. 밥은 소머리와 사골로 우린 육수로 짓고 갖은 나물 위에 육회와 달걀 노른자를 얹는다. 이것은 밥과 나물을 비볐을 때 밥과 나물이 뭉치지 않고 잘 섞이기 위한 것으로 꽤나 과학적이다.

해주비빔밥은 밥을 기름에 볶아 소금으로 간을 한 뒤에 닭고기를 삶아서 살을 가늘게 찢어 양념에 무치고 고사리, 김과 함께 고명으로 올려 육수를 약간 붓고 부드럽게 익혀먹는 비빔밥이다.

황등비빔밥과 함평비빔밥 그리고 통영의 나물밥

전북 익산시 황등면에 가면 밥에 콩나물을 넉넉히 넣어 양념장에 비빈 후, 그 위에 시금치나물과 육회, 김가루, 황백지단, 황포묵을 고명으로 올린 황등비빔밥이 있다. 사골 육수 베이스의 선짓국으로 토렴해 밥알 사이사이에 국물의 간이 배고 여기에 고추장과 고춧가루를 넣고 골고루 비벼 밥과 그릇이 함께 데워지도록 석쇠 위에 그릇째 올려놓는다. 맑은 선짓국을 곁들이는 것이 특징이며, 육회비빔밥이라고도 한다.

함평비빔밥은 독특한 맛이 있다. 우둔살이나 홍두깨살 등 기름기가 적은 부위로 만든 육회와 오이, 상추, 호박, 콩나물 등 4가지의 채소를 밥에 올려 양념장으로 비비는데 양념이 자극적이지 않아 채소 각각의 풍미와 식감이 그대로 살아있다. 양념장은 고춧가루와 간장, 마늘, 파 등을 넣고 집에서 직접 담근 고추장으로 만든다. 보탕국으로는 돼지 피로 끓인 선짓국을 낸다. 시골 장터 음식 같지만 깔끔하고 고급스러운 맛이다. 함평비빔밥은 돼지비계를 삶아 기름을 빼 고명으로 올린다. 밥과 함께 씹히는 돼지고기 맛은 부드럽고 꼬들꼬들하면서 고소하다.

통영의 나물밥은 헛제삿밥 혹은 나물비빔밥이라고도 한다. 청각, 톳, 홍합, 미역 등 갖가지 해조류로 나물을 만들고 조개와 문어를 잘게 다져 넣은 두붓국을 별도로 준비한다. 밥 위에 나물을 얹고 두붓국을 자박할 정도로 부어 비벼 먹는다. 식성에 따라 고추장을 넣기도 한다. 보통 13가지 정도의 해초류가 들어간다. 바다에서 나는 나물의 종류가 다르기 때문에 계절별로 비빔밥 맛이 달라진다. 겨울철에 해먹는 나물밥이 가장 맛있다.

그 밖의 비빔밥으로는 고추장 양념에 각종 나물과 볶은 소고기로 만든 평양비빔밥, 향긋한 멍게 젓갈로 비비는 거제 멍게비빔밥이 있다.

비빔밥은 다섯 가지 색의 조화가 완벽하게 드러난 오방색을 가장 잘 구현한 우리 음식으로 꼽힌다. 각각의 재료들은 색의 조화만이 아닌 영양의 균형을 이루는 음식으로 몸에 필요한 영양성분을 상호보완해주고 있다.

\ 신의 이름에 따라 먹고 행동하라 /

할랄식품
Halal food

세계 인구 68억 명 중 약 16억 명, 즉 23% 정도가 무슬림이다. 세계인의 4명 중 1명이 이슬람교도인 셈이다. 할랄Halal은 이슬람 율법인 코란에서 허용되는 것을 의미한다. 할랄은 원래 이슬람법에 따라 생산된 식품을 이르는 용어였으나 요즘은 그 범위가 의약품, 화장품까지 확대돼 쓰이고 있다.

할랄식품에는 기본적으로 돼지고기와 알코올이 포함되지 않는다. 육류도 이슬람의 자비하법Zabihah에 따라 도살된 가축(양, 염소, 낙타, 소 등)만 사용할 수 있다. 이를 원료로 하는 화장품과 의약, 기능식품을 비롯한 음식까지 모두 해당된다. 할랄은 재료의 준비와 그 가공 과정에서 할랄 규정을 준수했다는 사실을 증명하는 마크이기도 하다.

이슬람교의 율법에 따라 금지 식품을 뜻하는 하람Haram식품과 접촉하지 않았는지, 할랄 인증을 받지 않은 첨가물을 사용하지 않았는지에 대해 엄격한 실사 검사를 거친다.

금지의 식품, 하람

할랄Halal의 반대 개념인 하람Haram은 죽은 고기와 피, 돼지고기, 하느님의 이름으로 잡은 고기가 아닌 것, 교살된 것과 때려잡은 것, 떨어져서 죽은 것, 서로 싸워서 죽은 것, 다른 야생동물이 일부를 먹고 버린 나머지, 우상에게 재물로 바쳤던 것과 화살에 점성(명령의 문구)을 걸고 잡은 것이 있다. 그러나 금지된 것이라도 기아의 상태에서 생명이 위험할 때, 목숨을 구할 때 또는 무의식 중에 먹었을 때는 허용한다는 유연한 입장을 취하고 있다. 할랄식품으로 인정된 육류라도 이슬람식으로 도축되지 않은 고기는 하람식품으로 분류한다.

이외에도 술과 알코올성 음료, 메뚜기를 제외한 파충류와 곤충류 그리고 송곳니가 있는 동물, 발톱이 있는 새 등도 하람식품에 포함된다. 개와 고양이 같은 애완동물, 당나귀, 노새, 말도 마찬가지다. 해산물을 먹는 것은 허용하지만 무슬림 사이에서도 이 부분은 이견이 존재한다.

이슬람식 도축인 '자비하Zabiha'는 도축할 동물의 머리를 성지인 메카의 카바 신전을 향해 눕힌 뒤 신의 이름으로 기도문을 외우고 '신의 이름으로'라는 뜻의 비스밀라Bismillah 혹은 '신은 위대하다'는 뜻의 알라후 아크바르Allahu Akbar를 외치면서 동물이 고통을 받지 않도록 단칼에 목과 정맥을 끊어 도살하는 방법으로, 미생물 번식의 매개 역할을 하는 피를 전부 빼낸다. 이때 사용되는 동물은 도축 직전에 건강하게 살아 있어야 한다.

도축 전에 썩거나 병들어 죽은 고기는 먹을 수 없다. 재료만 중요한 것이 아니라 도마, 그릇 등도 철저히 할랄 푸드용을 써야 한다. 육류의 할랄 기준은 까다로운 데 비해 채소와 과일, 곡류 등 비육류성 식품과 해산물에 대해서는 기준이 비교적 까다롭지 않다.

할랄과 하람은 무슬림의 일상이며 생명 그 자체

할랄식품이 되려면 '3無'가 충족돼야 한다. 독이 없고, 정신을 혼미하지 않게 해야 하며, 위험하지 않아야 한다. 과자나 주스, 아이스크림 등 많은 제품이 알코올류나 돼지고기로부터 변형된 기초 원료로 만드는 경우가 많다. 변화와 변형을 통해 제조되는 다양한 형태의 제품을 금기와 허용 차원에서 규정할 때 그 허용 한계를 '변화'라는 의미의 이스티할라Istihalah로 간주하고, 다시 허용되지 않는 변화Istihalah Fasidah와 허용된 변화Istihalah Sahih로 나눈다.

허용되지 않는 변화란 성질이 변했어도 할랄식품으로 인정할 수 없는 경우로 예를 들면, 돼지 창자에서 추출된 콜라겐, 돼지쇼트닝을 사용한 과자, 돼지 가죽과 뼈를 사용한 젤라틴 등이다. 반면 한 형태에서 자연적인 과정을 거쳐 변형된 것은 허용된 변화를 뜻한다. 알코올이 숙성돼 식초가 된 것이나 돼지 배설물을 사용해 재배한 식물인 경우 원래의 성질이 하람이었다고 해도 변화 과정을 거쳐 할랄식품으로 인정받을 수 있다.

이슬람교의 관점에서 볼때 먹는 것은 종교적인 행위다. 할랄과 하람은 무슬림의 일상이며 생명 그 자체다. 이는 '좋은 것을 먹고 올바로 행동하라(코란 23:51)'는 구절을 실천하는 것이다.

이슬람인의 주식은 빵과 더불어 육식이다. 캅사Kabsa는 양고기나 닭고기를 곁들인 밥이다. 양고기보다는 닭고기 캅사를 많이 먹는다. 쌀을 쇼트닝에 볶다가 물을 알맞게 넣고 향신료인 라임·계피·사프란·통후추·오레가노 등을 넣어 노란색이 나는 밥을 짓는다. 그 위에 당근과 건포도를 올리고 꼬챙이에 돌려가면서 구운 닭고기를 올려 먹는다.

일반 식당에서 캅사를 주문하면 채소 샐러드가 곁들여 나온다. 오이와 토마토, 레몬 등을 작게 썰어 만드는 샐러드는 레몬의 신맛이 더해져 기름기 많은

◀ 닭고기를 곁들인 밥인 캅사Kabsa. 쌀을 쇼트닝에 볶다가 물을 알맞게 넣고 향신료인 라임·계피·사프란·통후추·오레가노 등을 넣어 완성한 노란색 밥이다.

밥의 느끼함을 없애준다.

  소스는 핫소스의 일종인 살사 하르Salsa jar를 사용한다. 이 소스는 식당마다 제각각 만들기 때문에 맛의 차이가 있다. 일반적으로 토마토에 고추나 피망을 함께 갈아 만드는데 밥에 뿌려 먹으면 매콤한 맛이 난다.

  식사를 할 때는 오른손 세 손가락으로 음식을 조금씩 집어 주먹밥처럼 뭉쳐서 먹는다. 음식의 촉감과 온도를 입과 손 두 곳에서 동시에 느낄 수 있어 훨씬 더 깊이 있게 맛을 느낄 수 있다.

이슬람의 대표 음식인 케밥과 난

이슬람을 대표하는 음식인 케밥은 그 종류만 200~300여 가지가 넘을 정도로 다양하고 지역마다 각각 다른 특색을 가지고 있다. 대표적으로 숯불화전구이인 '도네르Doener 케밥', 진흙전통구이인 '쿠유Kuyu 케밥', 꼬치구이인 '시시Shish 케밥', 도네르 케밥에 요구르트와 토마토소스를 추가한 '이슈켄데르Ishkender 케밥' 등이 있다.

이란의 주식은 효모를 쓰지 않고 자연발효시킨 밀가루 반죽을 납작하게 빚어 오븐에 굽는 난Nan이다. 오븐은 인도 북부에서 중국 서역에 걸쳐 쓰는 수직식 오븐 가마와 달리 이란에서는 수평식 오븐 가마를 주로 사용한다. 또한 이란이 세계에 자랑하는 것은 캐비어다. 카스피 해에서 잡히는 상어의 알이다. 두그Dugh라는 요구르트에 시원한 물을 섞어 마시는 것을 즐긴다.

할랄식품은 건강하고 착한 소비로 통한다. 할랄 인증은 품질의 우수성과 깨끗하고 안전한 먹거리의 대명사로 세계적으로도 각광받고 있다.

\ 유대교 율법을 통과한 음식 /

코셔
Kosher

먹거리에 대한 불신으로 HACCP, GMP, HALAL, KOSHER 인증 등 식품에 대한 세계적인 신뢰를 증명하는 식품안전 인증마크에 대한 관심이 나날이 높아지고 있다. 코셔Kosher는 '합당한', '적당한'을 뜻하는 히브리어 카슈루트Kashrut의 영어식 단어로 유대교의 전통 율법에 따라 식재료 선정부터 조리까지 엄격한 기준과 절차를 거친 음식을 뜻한다.

정통 유대인들은 유대교식품적법인증 제도를 마련해 먹을 것과 먹지 않을 것을 분명히 구분하고 있다. 이 중에서 먹을 수 있는 것을 코셔라 하고, 복잡하고 까다로운 음식 계율을 지키는 음식물을 코셔식품이라고 한다. 코셔 인증서는 별도로 유대교 랍비(율법학자)로부터 받아야 한다. 이스라엘의 랍비청 Council of the Chief Rabbinate of Israel에 식품의 성분 및 생산 설비에 대한 서류와 신청서를 제출하면 확인 절차를 통해 인증서가 발급된다.

코셔는 음식의 형태뿐 아니라 재료를 선택하고 다루는 방법도 포함한다. 한국 음식도 유대인 율법에 따라 재료를 선택하고 요리한다면 코셔다. 인증 품목은 식료품으로 육류, 유제품, 파르브Parve(고기와 유제품을 포함 하지 않는 제품, 모든 과일, 곡류, 자연 상태의 식물 등을, 파르브는 유제품과 함께 요리하면 유제품이 되고 육류와 함께 요리하면 육류가 된다)가 있다.

테레이파, 코셔가 아닌 음식

논코셔Non-Kosher 제품에는 특정한 가축, 조류, 생선(상어, 철갑상어, 메기류, 황새치, 파충류, 갑각류, 해저 포유류) 및 대부분의 곤충류가 포함된다. 코셔가 아닌 음식은 테레이파Terayfa다. '찢긴'이란 뜻으로 다른 동물에 의해 찢긴 동물을 먹지 말라는 계명에서 유래한다. 유대인이 즐겨먹는 저민 이집트콩과 양념을 둥글게 빚어 튀긴 음식 팔라펠Falafel, 감자나 소고기를 밀가루 반죽으로 싸서 튀기거나 구운 크니쉬Knishes, 도넛 모양의 딱딱한 빵 베이글Bagels, 치즈나 과일을 넣은 핫케이크 블린체Blintzes, 밀가루를 반죽한 후 발효되기 전에 만든 빵인 무교병 수프 마짜 볼 수프Matzah ball soup, 병아리콩과 마늘, 레몬즙, 소금, 올리브유 등으로 만든 간단한 매쉬나 퓌레 후무스Hummus, 도톰한 빵에 고기, 감자튀김, 샐러드를 넣고 돌돌 말아 먹는 샤와르마Shawarma와 같은 전통적인 아슈케나지Ashkenazic, 유대인 식품일지라도 유대교 율법을 따르지 않으면 코셔가 아니다.

예를 들면 벌레가 없는 채소나 과일은 식물식품으로 모두 전부 코셔지만 육류는 그렇지 않다. 가축을 도축할 때 유대교 율법학자인 랍비의 입회 하에 병들지 않는 동물을 고통 없이 한 번에 죽인 뒤 소금으로 사체를 문질러 피를 모두 제거한 고기만 먹을 수 있다. 심지어 가정에서도 고기에 피가 남아 있지 않도록 요리하기 위해 30분 정도 미지근한 물에 고기를 담근 후 코셔 소금을 뿌리고 경사진 곳이나 구멍이 뚫린 판에 놓고 남은 피를 제거한다.

 돼지처럼 되새김을 하지 않거나 낙타와 토끼처럼 되새김질은 하지만 발굽이 갈라지지 않은 동물을 먹어서는 안 되고 해산물 중에서도 비늘이나 지느러미가 있는 어류만 먹을 수 있다. 참치, 잉어, 청어, 연어, 도미, 조기 등은 먹을 수 있지만 상어, 고래, 미꾸라지 같이 비늘과 지느러미가 둘 다 없는 것은 먹을 수 없고 오징어, 문어, 낙지 등과 뱀장어, 굴, 새우, 가재, 게, 조개류, 달팽이 등도 금지된다.

소고기와 우유를 함께 먹는 것은 잔인한 행위

 소고기와 우유도 함께 먹지 않는다. 너무 잔인하다는 생각에서다. 육류와 유제품을 함께 먹어서는 안 되기 때문에 치즈버거도 없다. 커피도 아메리카노는 마시지만 카페라테는 마시지 않는다. 고기를 먹고 나서 최소한 3~6시간 지나야 우유를 마실 수 있다. 뱃속에서 같이 섞이지 않게 하기 위해서다. 코셔가 아닌 음식을 담았던 그릇들은 코셔 음식을 담는데 사용될 수 없다. 심지어 고기를 담았던 그릇에도 유제품을 담을 수 없고 유제품을 담았던 그릇에도 고기를 담을 수도 없다.

 유대인의 코셔는 삶에서 가장 근본이 되는 먹는 행위에서부터 유대교 율법을 지키겠다는 의지다. 매일매일 자신들의 성전인 토라에 나와 있는 대로 행하면서 거룩함을 실천한다는 뜻이다. 또한 유대민족의 특별한 음식문화가 다른 민족과 쉽게 동화되는 것을 막고, 흩어져 있는 유대인들을 서로 연결해 단합시키는 고리 역할을 해준다는 믿음이기도 하다. 그렇다고 유대인 모두가 코셔를

▲ 코셔Kosher 식품은 유대교의 전통 율법에 따라 식재료 선정부터 조리까지 엄격한 기준과 절차를 거친 음식을 뜻한다. 비록 마짜 볼 수프(사진 아래)와 같은 전통적인 아슈케나지Ashkenazic 유대인 식품식품이라도 율법을 따르지 않으면 코셔가 될 수 없다.

지키는 것은 아니다. 통상 30% 가량만이 나름 철저히 지키는 것으로 조사되고 있다.

전 세계적으로 식품의 안전성에 대해 불안감을 많이 느끼고 있는 현대인들에게 코셔는 점점 더 많은 관심을 받고 있다. 코셔 음식은 미국과 유럽 지역에서 유대교 율법에 따라 식재료 선정부터 조리까지 엄격한 기준과 절차를 거친 '안심하고 먹을 수 있는 식품'이란 이미지를 얻게 됐고, 그로 인해 코셔식품의 시장점유율은 매년 12% 이상 빠르게 늘어나고 있다. 시장규모로는 2014년 기준 약 278조 원이다. 유대인 인구가 많은 미국에서는 슈퍼마켓의 식품 60% 이상이 코셔 인증 제품이다.

\ 식사 매너는 글로벌 고품격 문화 /

품격 있는 식사 1
A Fine Meal

문명사회에서는 품격이 사회적 등급을 결정한다. 품격은 삶의 질이다. 삶의 궁극적인 목표는 상대방을 존중하고 자신도 존중받아 인간마다 고귀한 존엄성을 확보해 사람답게 사는 것이다. 매너는 상대방에 대한 배려와 존중이며 긴밀한 소통 과정이기도 하다. 특히 식사 매너는 글로벌 사회에서 국적이 달라도 공통으로 가지고 있는 소통 가능한 고품격 문화로 존재한다.

레스토랑에 들어가 예약을 확인하고 직원의 안내를 받아 좌석에 앉았지만 테이블 위에 가득 놓인 컵과 커트러리Cutlery를 보고 사용법을 몰라 당황스러운 경우가 간혹 있다.

레스토랑에는 기본적으로 간단하게 테이블 세팅이 되어 있다. 디너 접시를 중심으로 왼쪽에는 포크, 오른쪽에는 나이프와 스푼이 있다. 그 개수가 한두 개라면 큰 문제가 없겠지만 10개를 넘는 경우엔 주눅 들기 십상이다. 그러나 '좌빵우물'과 '바깥에서 안쪽으로'라는 기본 개념만 익혀둔다면 크게 어려울 것이 없다.

좌빵우물은 여러 명이 테이블에 앉아있을 때 빵은 왼쪽, 물과 술은 오른쪽에 있는 것이 자기 것이라는 의미다. 커트러리는 요리의 순서대로 바깥쪽에서 안쪽으로 이동하며 사용한다. 한 코스가 끝나고 다음 코스가 준비되면 웨이터는 필요 없는 포크와 나이프를 치운다. 만약 식사가 끝나지 않았다면 '식사 중'이라는 표시로 포크 날이 위로 향하게 해 디너 접시 중앙에 'X'자 모양으로 교차하도록 놓아두면 된다. 식사를 마치면 포크 날은 아래를 향하게 하고, 나이프 날은 포크 쪽을 향하게 해 '11'자 모양으로 나란히 둔다.

레스토랑에서 손으로 먹을 수 있는 음식은 빵과 몇 가지 요리밖에 없다. 만약 랍스터처럼 손으로 먹는 음식을 택했다면 물수건을 요구할 것이 아니라 식사 전에 손을 씻어야 한다. 또 냅킨을 두고도 종이 냅킨을 요구하는 것은 실례다. 냅킨은 의자에 앉을 때 무릎 위에 올려놓고 손을 닦거나 입가를 닦을 때 사용한다. 음식을 흘린다고 냅킨을 목에 두르는 것은 예의가 아니다.

호스트가 먼저 냅킨을 편다

냅킨은 식사 중 훌륭한 커뮤니케이션 도구다. 자리에 앉자마자 호스트보다 먼저 냅킨을 펴는 것은 실례다. 호스트가 자기 냅킨을 펼치면 식사가 시작된다는 신호다. 게스트도 따라서 펼치라는 신호이기도 하다. 냅킨은 완전히 펴서 반으로 접은 후 양옆으로 길게 무릎 위에 놓는다. 냅킨이 무릎 위에 있으면 식사 중이라는 의미다. 의자에 있으면 잠시 부재중, 테이블 위에 있으면 식사가 끝났음을 알린다. 식사 후 테이블 위에 올려놓을 때는 너무 잘 접거나 솜덩어리처럼 뭉치지 말고 한두 번 적당히 접어 테이블 접시 오른쪽에 놓는다.

▲ 테이블 위에 10개 이상의 컵과 커트러리Cutlery가 있는 경우엔 사용법을 몰라 머뭇거리는 경우가 간혹 생긴다.

    빵 접시에는 버터나이프가 올려 있으며 수프 스푼 바깥쪽에는 브레드 나이프가 있다. 디저트 스푼과 커피잔은 코스가 끝나고 순서가 됐을 때 세팅하는 것이 대부분이지만 처음부터 세팅하는 경우에는 디너 접시에 가로로 세팅한다. 바다가재용 집게와 포크 역시 주문 시에 세팅한다.
    빵은 수프를 먹고 난 후부터 디저트가 나오기 직전까지 먹는다. 이 빵은 입 속에 남아있는 음식의 잔미를 없애주는 역할을 한다.

자신의 왼쪽에 있는 빵을 먹어라

여러 사람이 식사를 할 경우에는 자신의 왼쪽에 있는 빵을 먹어야 한다. 빵을 먹을 때 우유나 커피에 빵을 찍어먹는 행동(덤핑)은 가족끼리 식사를 하는 자리에서는 괜찮지만 격식을 차려야 하는 자리에서는 실례가 되는 행동이다. 빵을 먹을 때는 자신의 접시에 빵을 가져와서 손으로 잘라 먹는다. 빵을 자를 때는 나이프를 써서는 안 된다. 서양 문화에서 빵은 예수님의 몸을 상징한다. 하지만 잼을 발라 먹는 빵의 경우에는 그 빵을 칼로 반등분해서 먹는 것은 크게 실례가 되지 않는다.

'빵'이라는 단어는 포르투갈어 팡pão에서 유래했다. 영국에서는 빵의 중량이 225g 이상 되는 무거운 빵은 브레드Bread라 하고, 중량 60g~225g까지의 빵은 번Bun, 60g 이하의 작은 빵은 롤Roll이라고 한다. 토스트 빵의 경우 영국은 상판이 둥그스름하게 생겼고, 미국식 빵은 상판이 평평하게 되어 있다. 프랑스식 빵은 막대기처럼 생긴 바게트이다.

\ 인간과 동물을 구별하는 방법의 하나 /

품격 있는 식사 2
A Fine Meal

종교, 역사, 문화마다 혹은 각 나라마다 전통 음식은 물론 식탁에서 지켜야 할 테이블 매너에도 차이가 있다. 인간과 동물을 구별하는 방법은 여러 가지가 있겠지만 식사법에서 비롯된다고 해도 과언이 아닐만큼 테이블 매너는 중요하다.

식사 매너는 공공公共에 대한 의식의 출발이고 인간을 인간답게 만드는 문화의 시작이다. 식사를 같이 한다는 것은 비싸고 귀한 음식을 서로 나눈다는 의미뿐만 아니라 즐거운 시간을 함께 가진다는 의미가 크다. 식사 자리는 여유로우면서 전략적인 마음을 가지고 임하는 게 바람직하다. 여러 소재의 대화를 나누면서 천천히 식사를 즐기는 게 좋다. 이야기 주제는 오락, 취미, 스포츠, 예술 등 가벼운 것이 좋고 정치나 현실적인 문제 등 무거운 주제는 되도록 피해야 한다.

코스요리는 애피타이저를 시작으로 수프, 생선요리, 생략되는 경우가 많으나 입가심을 위한 셔벗sherbet, 로스트, 샐러드, 디저트, 후르츠, 커피 혹은 티로 마무리한다.

디너의 시작은 식전주 아페리티프Aperitif이다. 화이트 와인이나 스파클링 와인 한 잔이 애용된다. 경우에 따라서 레드 와인으로 대신해도 된다. 맥주는 가능하면 피하는 게 예의다. 다음으로 나오는 전채 요리, 즉 애피타이저Appetizer는 식욕을 증진하기 위해 나오는 적은 양의 요리로 카나페, 생굴, 캐비어, 연어, 푸아그라 등이 있다.

수프는 바다가재와 같은 귀한 재료이거나 조리 시간이 긴 음식일 경우에만 주문한다. 원래 전통 양식 코스에는 수프가 없다. 미국에서는 수프를 인정하기도 하지만, 대부분의 경우 포만감으로 음식 맛을 제대로 느끼지 못할 염려가 있어 가능하면 주문하지 않는다. 다음은 메인 디쉬Main dish다. 옆 사람과 같은 것을 주문하지 말고 자신의 개성과 취향대로 주문하는 게 좋다. 생선류를 선택하면 화이트 와인을 다시 주문해야 하므로 육류가 무난하다.

소고기 스테이크를 선택했을 때는 부위별 명칭에 따른 종류와 굽는 방법을 정확하게 주문하는 게 좋다. 안심 부위인 텐더로인Tenderloin, 등심인 서로인Sirloin, 허리 부분의 포터하우스Poterhouse 등과 살짝 익힌 로우Row, 겉만 익힌 레어Rare, 겉은 익혔으나 속에 약간 붉은색이 남아 있을 정도의 미디움Midium, 속까지 바짝 익힌 웰던Welldone으로 세분해 주문한다. 가벼운 점심이라면 맥주도 주문할 수 있다. 식사 도중 입가심용 치즈인 프로마쥬Fromage를 물 대신 먹어도 좋다. 입속에 음식이나 양념이 남아 있으면 음식 맛을 제대로 음미할 수 없기 때문이다.

◀ 서양에서 식사할 때 마시는 와인은 소화제이자 대화를 촉진하는 도구다.

디저트, 중요한 자리에선 반드시 주문

디저트Dessert는 중요한 자리에서는 반드시 주문해야 한다. 물론 디저트 와인을 주문해도 상관없다. 바쁜 시간의 오찬일 때는 디저트를 생략하고 바로 카페로 넘어가기도 한다. 디저트 다음 순서인 카페Cafe는 에스프레소 등의 커피를 말한다. 카페오레는 아침에 집에서 마시는 것이 일반적이기 때문에 주문하지 않는 것이 좋다. 마지막으로 푸스 카페Pousse-cafe는 소화를 돕는 식후주로 일명 디제스티프Digestif라고도 하는데 브랜디Brandy나 코냑Cognac, 3~4년 숙성한 코냑에 오렌지 향을 가미한 40도의 혼성주인 그랑 마니에르Grandmarnier 등이 적당하다. 소화 겸 마시는 것이므로 맥주는 금물이다.

   서양인의 식사에서 와인은 소화제이자 대화를 촉진하는 도구다. 와인을 주문할 때는 보통 5, 7, 12 법칙을 따른다. 가벼운 접대인 경우에는 식사 가격의 50% 가격대의 와인을, 보통 접대는 70%, 특별접대인 경우 식사가격의 120% 가격대의 와인을 주문한다. 보통 육류에는 레드 와인, 생선요리에는 화이트 와인을 선택한다.

   와인을 마실 때는 스텝(다리) 부분을 가볍게 잡고, 건배할 때는 잔과 잔을 부딪치지 않는다. 잔은 얼굴 높이로 들고 주위 사람과 눈으로 건배한다. 와인을 마실 때는 한 번에 들이키지 말고 조금씩 음미해야 한다. 스테이크를 두 조각 먹을 때 와인 한 모금 정도가 적당하다.

   식사자리가 끝나면 초대 받은 사람도 계산 금액을 확인하는 것이 좋다. 초대 받은 자신도 다음 기회에 비슷한 금액의 식사 자리로 초대해야 하기 때문이다. 글로벌 문명사회에서는 식사 초대에 대해 전화나 메일로 감사의 피드백을 즉시 그리고 반드시 전해야 한다. 또한 초대를 받았던 사람이 다시 초대한 사람을 초대할 때는 2주 전쯤 미리 약속을 정해서 식사 자리로 초대를 하는 것이 글로벌 에티켓이다.

\ 고유문화에서 태어난 정체성 /

음식문화의 상대주의
Food Culture Relativism

유대교인과 이슬람교도는 돼지고기를, 인도의 힌두교인은 소고기를 먹어서는 안된다. 유대교인과 북유럽인, 게르만 민족은 비늘이나 지느러미가 없는 문어와 낙지, 오징어, 뱀장어, 가오리 그리고 갑각류와 조개류 등을 먹지 않는다. 북아메리카 남서부의 인디언 부족과 아프리카 동북부와 동부 그리고 이집트 지역의 쿠시족은 생선을 먹는 것을 기피한다. 벨기에인은 말고기를 좋아하고 지중해인은 염소고기를 좋아한다. 유럽인은 개고기를 먹지 않는다.

개고기를 식용하는 나라는 한국을 비롯해 중국, 인도네시아, 태국, 아프리카 사하라사막 이남, 베트남, 그리고 폴리네시아인, 하와이인, 뉴질랜드의 마오리족이다. 그 중에서도 중국의 위린 시에서는 매년 하지쯤 개고기 축제가 열리기도 한다. 쥐고기를 먹는 문화도 42개나 된다.

음식을 선호하거나 기피하는 현상은 음식 그 자체의 본질이 아니라 민족 혹은 사회가 각각의 생태학적 조건에 최대한 적응한 결과가 근본적인 사고 유형에 기인한 것이다. 종교적인 신념이나 가치관에 따른 문화적인 코드와 상징적 의미에 의해 형성되는 것이다.

민족마다의 식습관은 시대를 거치며 끊임없이 변화를 거듭한다. 따라서 다른 문화의 식습관을 문명의 척도로 비교측정할 수 없다. 식습관의 문화적 상대성을 부정하고 단순비교를 하는 것은 의미가 없다. 민족마다의 식습관에 대한 부당한 편견을 버리고 각각의 문화적 전통을 인정해야 서로 다른 조건에서 적응해 온 방식들을 이해하고 그 안에서 특별한 의미를 찾을 수 있다.

미국의 문화 인류학자 마빈 해리스Marbin Harris, 1783~1875는 문화적·상징적 의미 체계의 중요성을 부정하는 문화유물론 측면에서 음식의 선호나 기피는 영양가와는 무관하며, 우리가 어떤 음식을 선호하는 것은 그것이 구하기 쉽다거나 우리에게 좋다거나 혹은 그것이 실용적이거나 맛이 좋기 때문만은 아니라고 말한다.

힌두교와 불교의 음식에 대한 신념

인도의 힌두교인들은 고기의 생산이 생태학적으로 비실용적이기 때문에 고기를 피하는 것이 고기를 먹는 것보다 영양학적으로 훨씬 낫다고 생각했고, 이런 생각이 오랜시간 동안 확신으로 굳어지면서, 고기를 먹는 것이 경제학적으로 나쁜 것이라는 결론에 자연스럽게 이르렀다.

그들은 영양학적·환경적·경제적인 '비용과 이익의 관계' 속에서 음식의 금기 현상을 설명하고자 했다. 금기식품은 근본적으로 비용과 이익을 견주어 본 뒤 선택하고, 이미 존재하는 유용한 관행과 일치하더라도 의심과 유혹을 물리치기 위해 음식에 대한 정화기능을 가진 종교적인 신념에 따르는 것이 중요하

▲ 유대교인과 이슬람교도는 돼지고기를, 힌두교인은 소고기를 먹지 않는 것처럼 음식을 선호하거나 기피하는 현상은 종교적인 신념이나 가치관에 따른 문화적인 코드와 상징적인 의미에 의해 형성된다.

다고 보았다.

불교에서 오신채를 금기시 하는 이유는 성질이 맵고 열성과 향이 강해 음식으로 섭취하면 성에 대한 두려움을 없앨 정도의 에너지를 생성할 수 있다는 부담감 때문이다. 결과적으로 불교에서 부추·파·마늘·달래·흥거('무릇'이라고도 한다. 백합과의 여러해살이풀로서 파, 마늘과 비슷) 등 오신채를 금기시 하는 것은 자극이 강해 음욕을 일으키고 화를 내게 해 수행에 방해가 되기 때문이다. 그러나 역설적으로 오신채는 식욕을 돋우고 면역력을 높이는 천연강장제이기도 하다.

\ 몸과 입, 마음으로 짓는 선악 /

카르마 음식
Karma food

    카르마는 산스크리트어의 'Karma'에서 유래된 것으로 미래에 선악의 결과를 가져오는 원인이 된다고 하는 '몸과 입, 그리고 마음으로 짓는 선악의 소행'을 의미한다. 불교에서는 전생의 소행이 현세의 응보로 이어진다고 한다. 카르마는 음식으로도 짓는다. 카르마가 가장 무거운 것은 육식이고 그 다음이 조류와 곤충이며 가장 가벼운 음식은 식물을 익히지 않고 자연 그대로 먹는 것이다.
    카르마에 따르면 음식은 그 사람의 성품과 생활을 좌우하고, 개인적인 인성을 결정하기도 한다.
    민족마다 각기 다른 금기식품은 그 지역의 풍토와 기후 조건에 기초한 경우가 많다. 인도에서 소의 식용을 금지하는 이유는 열대 지방 특성상 열성 음식이 맞지 않는데 소가 열성을 지니기 때문이다. 열대 지방 사람들은 과일이나 채소를 먹어야 체온이 조절되고 건강을 유지할 수 있다. 반대로 추운 지방 사람들이 고기와 같은 열성 음식을 많이 먹는 것도 이 때문이다.

모든 민족은 각자의 풍토와 기후에 맞는 그 민족 고유의 식습관을 가지고 수천 년 동안 살아왔다. 몸과 태어난 땅은 하나라는 신토불이身土不二의 뜻처럼 같은 땅에서 나는 식품이 체질에 맞다. 사람이 먹는 음식이 자연에 가까울수록 자연 치유력이 강해진다.

채식주의자는 종교적인 이유나 환경적이고 윤리적인 이유로 육식을 피하고 채식을 한다. 채식주의의 개념은 고대 인도와 고대 그리스에서 불살생不殺生의 원리에 따른 종교집단이나 철학자들에 의해 먼저 제기됐다. 유럽에서는 고대 로마가 기독교를 국교로 삼으면서 채식주의자가 사라졌었다. 채식주의가 다시 등장한 시기는 르네상스 시기였고 19세기와 20세기 들어 점차 확산됐다. 현대에는 영양적, 윤리적 관심과 가축에게 먹이는 곡물의 양이 4억 명의 사람들을 먹일 수 있는 양이라는 경제적 관점 때문에 채식주의자가 점차 늘어나고 있다. 채식주의를 지키는 종교적인 음식 중 가장 잘 알려진 것이 사찰음식이다.

자비관에서 비롯된 사찰음식

사찰음식은 절제를 통한 소식小食과 '때가 아닌 때는 먹지 말라'는 불비시식不非時食의 원칙으로 만든다. 사찰에서는 음식이 만들어지기까지 수고한 많은 이들의 노력과 정성에 감사하는 마음을 기억하고 육신을 유지할 정도의 적당한 양만을 먹는다. 또한 음식을 남기지 않으며 유제품을 제외한 동물성 식품과 파·마늘·부추·달래·흥거 등 오신채를 금하고 있다.

사찰에서 동물성 식품을 금하는 것은 살아있는 생명을 내 몸과 같이 여기는 불교적 자비관에서 비롯됐다. 대승불교가 흥성하면서 약리특성상 오신채를 익혀서 먹으면 음란한 마음이 일어나고 날것으로 먹으면 성내는 마음이 더

◀ 사찰음식은 절제를 통한 소식小食과 때가 아닌 때는 먹지 말라는 불비시식不非時食의 원칙을 지킨다

해져 수행을 방해한다는 인식이 있었다. 또한 향신료는 음식 맛을 좋게 하는 특성을 가지고 있으므로, 자칫 맛에 대한 작은 탐닉이라도 일어나면 수행에 방해가 되기 때문에 이를 방지하기 위한 목적도 있다.

인간은 과거 경험했던 맛에 대한 감각이 학습과 기억을 통해 뇌에 각인된다. 일반적으로 당분, 지방, 소금의 절묘한 조합은 뇌의 쾌감 중추를 자극해 입에 착 달라붙는 맛을 만든다.

미각을 통해 맛있는 맛이 뇌에 신호로 전달되며 그 음식을 다 먹을 때까지 통제력을 잃게 된다. 사찰음식에는 이러한 집착을 버리고 모든 생명체가 서로 의지해 존재하고 있음과 조화롭게 공존하는 세상을 만드는 정신이 담겨져 있다. 그래서 사찰음식을 만들 때는 천연조미료만 사용한다. 버섯가루, 다시마가루, 제피가루, 들깨가루, 날콩가루 등으로 영양상의 불균형을 해소하고 음식의 풍미를 더한다. 특히 산야초를 이용한 저장음식과 발효음식이 많다. 조리할 때는 짜거나 맵지 않게 재료의 풍미를 최대한 살린다.

음식은 끼니때마다 준비하며 반찬의 가짓수는 적어도 영양이 골고루 포함되게 한다. 사찰음식은 자연에 가장 가까운 음식이고 느림과 여유가 있는 밥상이다. 절밥은 자연친화적 제철 식재료를 사용하고 음식을 남기지 않는 발우공양 식사법까지 있는 대표적인 카르마 음식이다.

\ 가장 사치스러운 프랑스요리 /

투르느도 로시니
Tournedos Rossini

투르느도 로시니Tournedos Rossini는 필레미뇽Filet mignon보다 약간 머리 쪽에 있는 부드러운 식감의 소고기로, 구운 스테이크 위에 갈색으로 구운 빵인 크루통과 거위의 간을 오븐에 익혀 식힌 푸아그라를 얹고, 데미글라스소스에 마데이라 와인과 올리브오일을 넣어 만든 마데이라Madeira 소스로 맛을 내고 슬라이스한 송로버섯으로 마무리한 요리다. 그래서 프랑스요리 중에 가장 사치스러운 요리로 손꼽힌다.

투르느도 로시니는 조아키노 안토니오 로시니Gioacchino Antonio Rossini를 위해 유명 요리사가 개발한 요리다. 로시니는 1829년 37세에 오페라 '세비야의 이발사'와 '빌헬름 텔'을 작곡하고 은퇴 후 유명 인사들과 파티와 음식을 즐기면서 일생을 보낸 19세기 최고의 미식가이다. 당대의 악성 베토벤조차 오스트리아 빈에서는 로시니의 인기를 따라 잡을 수 없었다고 한다.

미국의 저널리스트이자 미식가인 웨이버리 루트Waverley Root, 1903~1982는 "이탈리아 음식은 오페라와 같아야 한다"고 말했다. 로시니는 악보에 있는 음표를 음식으로 바꾸어 놓을 만큼 요리에 대한 남다른 애정을 가진 사람이다. 지금도 이탈리아 마체라타Macerata 대학에서는 매년 로시니의 이름을 딴 요리대회가 개최된다.

로시니가 가장 사랑했던 식재료인 송로버섯Truffle은 캐비어, 푸아그라와 함께 세계 3대 진미로 꼽힌다. 땅속의 다이아몬드라고 불리는 송로버섯은 진귀한 만큼 가격도 금값만큼 비싸다. 떡갈나무 숲에서 자라는데 육안으로는 돌멩이인지 흙덩이인지 구별이 쉽지 않고 땅속에 박혀 있어 후각이 발달된 개와 돼지를 훈련시켜 채취하기 때문에 매우 귀한 대접을 받는 식재료다. 과거에는 송로버섯의 향이 발정기의 수컷 냄새와 비슷하다고 해서 암컷 돼지를 주로 활용했으나 요즘은 이동하기가 용이한 훈련된 개로 한다.

송로버섯의 종류는 30여 종에 이른다. 그 중 프랑스의 남부의 프로방스 지방 페리고르산 흑색 트러플Tuber Melanosporum과 이탈리아 최고의 명품 와인인 바르베라Barbera의 생산지인 피에몬테 지방 알바Alba의 흰색 트러플Tuber Magnatum을 최고로 친다. 버섯의 모차르트라는 별명을 가지고 있는 흰색 트러플은 강하고 우아하면서도 야생적인 숲의 향기와 원초적인 유황을 함유한 땅 냄새를 함께 가지고 있다. 주로 날 것으로 얇게 썰어서 샐러드를 만든다.

흑색 트러플은 물에 끓여 보관해도 향기를 잃지 않는다. 로마시대 미식가 루쿨루스Lucullus, B.C 118~56는 그의 연회 기록에 "플라밍고의 혓바닥이나 공작새의 뇌 같은 것을 너무 많이 먹어 더이상 한 입도 먹을 수 없을 때 내놓는 것이 바로 송로버섯이다"라고 표현하고 있다.

《몬테크리스토 백작》을 저술한 19세기 프랑스의 극작가이자 소설가인 알렉상드르 뒤마Alexandre Dumas, 1802~1870는 《요리대사전》에서 송로의 정체를 두고

▲ 조아키노 안토니오 로시니Gioacchino Antonio Rossini가 가장 사랑했던 식재료인 송로버섯Truffle. 육안으로는 돌멩이인지 흙덩이인지 구별이 쉽지 않다.

2000년간 논란이 지속됐지만 결국 아무도 모른다는 결론이 나왔다. 송로에 대한 많은 질문에 난 이렇게 답한다. '먹고, 신을 찬미하라'. 그만큼 미묘한 맛을 지닌 것이 송로버섯이다.

  로시니는 예술가로서 절정의 나이에 송로버섯을 찾는 돼지를 키우기 위해 작곡을 그만 두었다는 설이 있을 정도로 송로버섯에 대한 사랑이 지극했다. 은퇴 후에 그는 파리의 요리사들에게 송로버섯 요리에 대해 조언했고, 그 결과 몇몇 송로버섯 요리에는 그의 이름이 붙기까지 했다. 투르느도 로시니Tournedos Rossini, 필레 드 뵈프 로시니Filet de Boeuf Rossini가 모두 그렇게 탄생한 요리다.

  "먹고 사랑하고 노래하고 소화시켜라. 실상 이 네 가지 요소는 샴페인을 따면 거품이 흘러넘치고 순식간에 사라지는 게 마치 인생이라는 가벼운 내용의 희극적 오페라, 즉 부파Buffa의 4막과 같다."는 익살과 재치 넘치는 말을 남긴 로시니는 미식을 통해 유쾌한 음악과 달콤한 맛을 세상에 선물했다.

\ 전세계 미식가의 마음을 훔치다 /

페라나칸 퀴진
Peranakan Cuisine

페라나칸 요리는 여성에 대한 존경과 애정이 담긴 말레이어에서 유래된 것으로 논야 요리라고도 한다. 논야Nonya는 15세기경부터 페낭, 말라카, 싱가포르 및 인도네시아에 정착한 중국인(특히 복건, 광동 지역) 남성과 현지 말레이시아 여성 사이에서 태어난 여성을 이르는 말이다. 논야와 남성인 바바Baba를 통칭해 페라나칸으로 불리다가 그들이 탄생시킨 독특한 문화와 종교를 모두 포함하는 의미로 확대됐다.

페라나칸 요리는 중국의 조리법과 재료에 말레이시아와 인도네시아의 향신료와 맛을 결합해 알싸하고 매운맛이 강하다. 중국 식재료를 우묵하게 들어간 웍Wok으로 조리한다. 주요 식재료는 코코넛 밀크와 생강의 일종인 갈랑갈Galangal, 은밀하다고 할 정도로 신비한 풍미의 판다누스 잎Pandanus amaryllifolius Leaf, 레몬그라스Lemongrass, 강한 신맛과 약간의 단맛이 있는 타마린드Tamarind, 쌀국수, 토치생강새싹Torch ginger bud, 양파와 비슷한 모양의 히카마Jicama, 라임

주스, 칠리, 새콤한 짠맛의 새우 조미료Sour and salty shrimp-based, 고수풀, 야생 고추잎Daon kadok, 민트, 정향, 계피, 견과류 및 씨앗 등을 많이 쓴다.

페라나칸 요리는 지역별로 다른 특징을 지니고 있다. 말레이시아 반도 북부의 페낭섬은 태국의 영향을 받아 타마린드를 많이 쓰는 요리이고, 싱가포르와 말라카는 인도네시아의 영향을 받아 코코넛 밀크를 많이 쓴다. 페라나칸 요리의 핵심은 건새우를 발효시켜 만든 페이스트인 벨라찬Belachan과 고추, 마늘, 생강과 각종 향신료를 조합해 만든 페이스트 렘파Rempah이다.

말레이시아 페라나칸 요리, 락사

말레이시아 쌀국수 락사Laksa는 말레이시아와 싱가포르의 노점과 식당에서 쉽게 접할 수 있는 대중적인 요리이다. 생선이나 닭으로 우린 매콤한 국물에 타마린드 즙을 넣고 만든 새콤한 아쌈락사Assam Laksa와 코코넛 밀크를 넣고 만든 부드러운 락사르막Laksa Lemak으로 나뉜다. 식성에 따라 삼발Sambal(고추, 샬롯, 소금, 설탕 등으로 만든 매운 소스)을 곁들여 먹기도 한다. 말레이시아에는 페낭·케다·카통·사리왁·조호르의 락사가 따로 있을 정도로 지역별로 특색이 있다.

닭고기에 강황과 블랙너트를 넣고 새콤한 브라운 그레비아 소스로 끓여낸 아얌 부아 켈루악Ayam Buah Keluak은 맛이 짭짤하고 매콤하다. 캐럿 케이크라고도 하는 차이 토우 쿠에Chai Tow Kueh는 화이트 캐럿 케이크와 달콤한 간장소스를 더한 블랙 캐럿 케이크 두 종류가 있다. 큐브 모양으로 깍둑 썰기한 무에 쌀가루, 타피오카, 밀가루를 묻혀 찌거나 찐 다음 달걀물을 입혀 튀긴 요리로 몰랑몰랑한 식감이 특이한 대중요리다. 싱가포르인들은 아침식사로 카야 토스

◀ 페라나칸 요리중 하나인 말레이시아의 쌀국수 '락사Laksa'는 말레이시아와 싱가포르 노점 및 식당에서 쉽게 접할 수 있는 대중적인 요리다.

트Kaya Toast를 즐겨먹는데 바삭하게 구운 식빵에 카야 잼과 버터를 바른 것이다. 여기에 반숙 달걀과 연유를 넣어 진하고 달달한 싱가포르 스타일의 커피를 함께 마신다.

퐁테Pongteh에는 닭고기를 주재료로 하는 아얌Ayam 퐁테와 돼지고기로 만드는 바비Babi 퐁테가 있다. 기름에 지지고 콩으로 발효시켜 만든 장에 간장, 설탕 등을 넣고 물을 부어 뭉글하게 끓여 만든 요리다.

오탁오탁Otak otak은 으깬 생선살(말레이시아는 고등어, 인도네시아는 삼치)

에 고추, 레몬그라스, 터메닉, 샬롯 등 여러 향신료와 타피오카 전분이나 밀크, 달걀, 설탕, 소금을 섞어 만든 페이스트를 바나나 잎이나 코코넛 잎에 싸서 찌거나 숯불에 구운 요리다. 밥이나 국수와 함께 먹거나 간식으로 먹는다.

새우나 생선머리를 사용하는 페라나칸 요리

요즘은 페라나칸 요리에 새우살이나 생선머리를 많이 쓴다. 결혼식이나 특별한 행사에 먹는 나시 쿠닛Nasi Kunyit은 행운과 부를 상징하는 요리로 생강과 비슷한 향기와 매운맛의 심황Turmeric, 코코넛 밀크를 넣어 지은 노란빛의 밥으로 치킨커리 등 요리와 곁들여 먹는다.

미시암Mee Siam은 매운맛이 나는 달콤하고 신맛의 양념과 그레이비Gravy라는 렘파 향신료와 타마린드 페이스트와 소금에 절인 콩인 타우 쵸Taucheo 그리고 숙주, 마늘이 들어간 볶음 쌀국수이다. 페낭 지역에 인접한 태국의 영향을 받아 탄생했으며 말레이시아 전역에서 널리 먹는 음식이다.

페라나칸 요리는 중국과 말레이 반도의 식문화지만 인도와 16세기 포르투갈을 시작으로 17세기 네덜란드, 18세기 영국이 각각 말레이 반도에 영향력을 행사하면서 유럽의 식문화로 유입됐다. 인접한 인도네시아, 태국의 영향도 나타난다. 요즘 페라나칸 요리는 조리법이 단순하고 다양한 맛과 종류 덕분에 말레이시아와 싱가포르의 국민요리로, 미쉐린 가이드가 인정하고 전세계 미식가들이 열광하는 요리로 각광받고 있다.

\ 프랑스요리의 기초 /

오뜨 퀴진·퀴진 뒤 떼루와·누벨 퀴진
Haute Cuisine, Cuisine du Terroir, Nouvelle Cuisine

프랑스요리는 '오뜨 퀴진', '퀴진 뒤 떼루와', '누벨 퀴진' 3가지 유형의 전통에 기초를 둔다. 프랑스요리는 재료가 가진 고유의 특성을 최대한 살려 만든다. 세련된 테크닉을 구사하면서 섬세하고 세련된 맛을 낸다. 음식을 하나의 예술작품을 만들 듯이 준비에 많은 시간과 노력을 들인다. 소스 맛으로 음식을 먹는다고 해도 과언이 아닐 만큼 요리에서 소스를 중요시 한다. 개인주의적 성향이 강한 프랑스인들은 형식에 얽매이지 않는 상상력과 창의력을 바탕으로 만드는 요리가 많다.

사실 프랑스 음식은 원래 거칠었다. 고대 로마의 요리법이 프랑스요리의 출발점이었다. 중세에 들어서 민간 요리의 전통이 수도원을 통해 명맥을 유지하다가 점차 각 지방 특유의 향토 요리로 발전하게 됐다. 프랑스요리가 본격적으로 변화한 시기는 1533년 이탈리아 명문가 메드시스가의 카트린 드 메디시스가 앙리 2세와 결혼해 왕비가 됐을 때부터다. 그녀는 피렌체의 세련된 문화를 비롯해 다수의 요리사와 새로운 식재료들을 프랑스로 가져왔고, 이때부터 프랑스요리는 르네상스를 맞이했다. 무겁고 복잡한 프랑스요리가 간단하고 섬세한 음식으로 바뀌기 시작했다.

프랑스요리는 오를레앙 공 필리프의 섭정시기(1715~1742)에 지금의 형태로 완성됐다. 섭정이 끝나고 친정시대에 루이 15세는 미식을 좋아해 스스로 요리를 만들었을 정도였다. 부엌에 드나드는 귀족이 나타났으며 요리에 귀족의 이름이 붙여지기 시작했다.

이후 프랑스요리의 진정한 창시자로 불리는 마리 앙뜨완 카렘Marie-Antoine Carême, 1784~1833이 출현하면서 나폴레옹 시대에는 프랑스 그랑 퀴진Grand cuisine의 전통이 완성되어 프랑스요리를 예술의 경지로 올렸다. 카렘의 후계자인 위르뱅 뒤부아Urbain-Dubois, 1818~1901는 더운 요리와 찬 요리를 동시에 늘어놓는 방법을 지양하고 시간 전개형의 코스식으로 내는 러시아식 서비스 방법을 프랑스에 최초로 도입했다.

오귀스트 에스코피에로 시작된 프랑스 오뜨 퀴진의 근대화

프랑스 오뜨 퀴진의 근대화는 오귀스트 에스코피에Auguste Esoffire에 의해 고전요리가 완성되고 호텔 주방시스템이 창시되면서부터다. 오뜨 퀴진은 조리사의 경험과 상상을 초월할 정도로 버터와 크림을 많이 사용하는 농후하고 복잡한 요리법으로 주로 값비싼 재료가 들어간다. 하이엔드 요리이며 오뜨꾸뛰르Haute Couture 패션의 음식 버전인 셈이다. 프랑스요리의 고급스러움과 화려함 그리고 자존심의 시작점이기도 하다.

오뜨 퀴진은 맛은 기본이고 절제된 테크닉과 과학적인 근거를 바탕으로 음

▲ 오뜨 퀴진은 조리사의 경험과 상상을 초월할 정도로 버터와 크림을 많이 사용하는 농후하고 복잡한 요리법이 사용되는 게 특징이다.

식을 디자인하고, 이를 코스 형태로 제안한 것으로 에스코피에 의해 완성된 스타일이다. 오뜨 퀴진은 1990년대 스페인을 거치면서 과학적인 접근을 강화한 분자 요리 Moleculor Cuisine로 발전한다.

그랑 퀴진은 18~19세기 프랑스 궁정과 귀족들의 기호에 맞춘 요리로 소수 특권층만 그 맛을 누릴 수 있었다. 그후 프랑스 대혁명(1789~1799)으로 왕정이 무너지면서 요리사들이 레스토랑을 열기 시작했고 이때부터 일반인들에게 알려지게 됐다.

19세기 말에서 20세기 초에 그랑 퀴진이 좀 더 단순화되고 세련돼가면서 퀴진 클라시크 Cuisine Classique가 탄생한다. 퀴진 클라시크는 조리 원리와 기술이 연구되고 비싼 식재료로 아름다운 차림새를 강조했고, 이때부터 푸아그라, 송로버섯, 캐비어 등의 식재료가 적극 도입됐다. 그러나 퀴진 클라시크는 1970년대 들어서 사라지기 시작했고, 각 지방의 특성과 재료를 기본으로 민간에서 개발된 조리법들이 등장하면서 비교적 단순하고 소박한 퀴진 뒤 떼루아와 누벨 퀴진 Nouvelle Cuisine이 새로운 요리 스타일로 급부상했다. 누벨 퀴진은 1970년대 요리사 미셸 괴라드 Michel Guerard에 의해 시작됐고, 1973년에 음식비평가 크리스티앙 미요 Christian Millau와 앙리 고 Henri Gault가 《고에미요 Gault Millau》라는 잡지에서 처음 용어를 사용했다.

누벨 퀴진, 감각적 체험에서 미학적 체험으로

누벨 퀴진은 화려하고 열량이 높은 프랑스 고전요리에 대한 반작용으로 식품의 자연스러운 풍미와 질감을 강조한다. 지방, 소금, 설탕 등 조미료를 최소화하고 새로운 조리법을 적용해 가열시간이 짧아진 것이 특징이다. 기존 프랑스 요리와 달리 채소로 만든 퓌레나 가벼운 소스를 사용하고, 음식은 적은 양을 예쁘게 담았다. 퀴진 클라시크와 외국요리를 적극 도입, 프랑스화해 새로운 요리를 개발하기도 했다. 너무 평범하다고 제외됐던 파스타가 다시 요리의 궤도 안으로 진입했다. 단순히 포만감을 느끼는 식사보다 더 본질적인 것에 집중하고, 최소화를 통해 식사가 감각적인 체험에서 벗어나 미학적 체험으로 거듭나게 됐다.

미각 혁명가 페란 아드리아Ferran Adria는 누벨 퀴진 요리법의 십계명을 다음과 같이 설명했다. 첫째, 육류·채소·생선의 조리시간을 짧게 한다. 둘째, 싱싱하고 질 좋은 제철 식재료를 사용한다. 셋째, 메뉴 수를 줄이고 최적의 상태로 요리하기 어려운 고전요리는 메뉴에서 제외한다. 넷째, 요리법상 의미가 없거나 의심스러운 기법은 사용하지 않는다. 다섯째, 최신 노하우가 의미 있다고 판단되면 과감히 활용한다. 여섯째, 마리네이드Marinade를 사용하지 않고 야생동물은 오래 숙성시키지 않는다. 일곱째, 화이트와 브라운 루 등 무거운 소스를 사용하지 않고 대신 맑은 즙을 사용한다. 여덟째, 가볍고 건강하게 조리한다. 아홉째, 단순함의 미각을 사용한다. 열 번째, 모든 레시피의 기본은 창의력이다.

프랑스는 골목의 작은 레스토랑에서 먹는 점심일지라도 에피타이저부터 디저트까지 코스로 즐기는 것이 일상인 나라다. 주방에서는 과학적인 분석에 셰프의 개성과 창의성을 더해 메뉴를 선택하고 개발한다. 분명한 것은 프랑스인들이 유난히 요리를 사랑하고 맛을 즐기는 오랜 전통을 지니고 있다는 것이다.

3코스
조리 과학

세계 3대 수프 World Top 3 Soup _ 163

드라이에이징 Dry aging _ 168

맛의 방주 Ark of Taste _ 173

소금 Salt _ 178

올 어바웃 소고기 All about Beef _ 182

수비드 Sous-vide _ 189

MSG Monosodium L-glutamate _ 193

술 Liquor, Alcoholic drink, Wine _ 196

스시 Sush·すし _ 203

식해食醢와 식혜食醯 _ 208

짜장면 그리고 짬뽕 Jjajangmyeon&Jjamppong _ 213

파베르제의 달걀 Faberge eggs _ 217

피자의 규격 Pizza standard _ 222

커리 Curry _ 227

스핏 로스팅 Spit-roasting _ 233

\ 똠얌꿍과 부야베스 그리고 샥스핀 /

세계 3대 수프
World Top 3 Soup

5味가 어우러진 맛, 똠얌꿍

태국의 똠얌꿍Tom yam kung과 프랑스의 부야베스Bouillabaisse, 중국의 샥스핀 Shark's fin·魚翅은 세계 3대 수프로 꼽힌다.

똠얌꿍은 태국의 대표 음식으로 시큼하고 달달하면서 칼칼한 국물 맛이 특징이다. 레몬의 신맛이 진하게 나는 레몬그라스Lemon Grass가 똠얌꿍의 맛을 좌우한다. 신선하고 상큼하고 스파이시한 레몬 향기에 시큼한 향미도 있다.

똠얌꿍에서 '꿍'은 태국어로 새우를 뜻한다. 단어에서도 알 수 있듯이 새우 수프 내지는 새우 국물요리다. 똠얌은 '꿍' 말고도 주재료에 따라 이름이 달라진다. 닭고기를 넣으면 '똠얌까이'가 되고, 흰살 생선을 넣으면 '똠얌푸라'라고 부른다. 그밖에 돼지고기, 소고기 등을 넣을 수도 있다.

똠얌은 닭고기로 육수를 낸 다음 육수가 끓기 시작하면 레몬그라스, 쥐똥고추로 잘 알려진 프릭키누Phrik khi nu, 생강과 식물 뿌리 등을 넣어 육수를 완성한다. 거기에 상큼한 향기에 풋풋하면서 매콤달콤한 맛의 갈랑갈Galangal, 라임, 죽순, 당근, 남프릭 등을 추가한다. 국물에 채소와 향신료의 향이 우러나게 한소끔 끓인 뒤 손질한 새우를 넣고 피시소스, 레몬즙, 똠얌소스로 간을 맞춘다. 대게는 맑은 국물인데 코코넛 밀크를 넣어 우윳빛이 나는 것도 있다. 마지막에 팍치(고수)를 얹는다. 먹는 내내 뜨거워야 제맛이 나므로 신선로나 세라믹용기에 담아 식지 않도록 한다. 매운맛, 단맛, 기분 좋은 짠맛과 고소하고 새콤한 국물 맛을 복합적으로 느낄 수 있어 세계 3대 수프로 꼽힌다.

지중해식 생선찌개, 부야베스

부야베스Bouillabaisse는 프랑스 남부 지중해와 인접해 있는 프로방스 지방의 요리로 열대의 향취가 듬뿍 배어있다. 어원을 보면 '끓이다'라는 뜻의 부이야Bouillia와 '낮추다 혹은 떨어져 내린 것'이라는 의미의 베쎄Baisser가 합쳐진 말인데, '수프가 끓으면 불을 줄여라Quand ça bouille tu baisses'라는 프로방스의 속담에서 유래했다고 한다.

지중해식 생선찌개인 부야베스는 옛날에 어부들이 고기를 잡은 뒤 좋은 것은 내다 팔고, 상품 가치가 없는 것은 주위에서 쉽게 구할 수 있는 채소를 한데 넣고 끓여 먹은 데서 유래한 수프다. 올리브유에 마늘, 양파, 감자, 펜넬Fennel, 셀러리를 넣고 볶다가 물을 붓고 백포도주, 토마토, 월계수 잎을 넣어 한 소끔 끓인 후 샤프란을 넣어 향을 낸다. 여기에 아구, 성대, 농어, 붕장어 등 생선과 새우, 조개, 랍스터 등 해산물을 넣어 국물이 잘 우러나도록 오랫동안 끓인 다음 소금과 후추로 간을 한다. 재료나 조리 방법은 지역마다 조금씩 다르지만 강한 향을 내는 펜넬과 마늘은 빠지지 않는다.

◀ 태국의 똠얌꿍Tom yam kung

◀ 프랑스의 부야베스Bouillabaisse

◀ 중국의 샥스핀Shark's fin·魚翅

마르세유 지역에서는 생선의 종류를 대여섯 가지 넣는 대신 조개류를 넣지 않고, 기름은 버터류가 아닌 올리브오일만 사용한다. 생선은 살이 풀어지지 않는 순서대로 넣어 끓인다. 대서양 연안의 브르타뉴 지방에는 우리의 경상도식 추어탕처럼 생선뼈까지 함께 오랜 시간 고아 내는 것도 있다.

식탁에 낼 때는 수프와 생선을 따로 담아 낸다. 부야베스는 루유Rouille라는 매콤한 소스와 함께 구운 빵을 곁들여 내는데 소스를 빵에 발라 부야베스 국물에 적셔 먹는다.

스페인에도 조개류를 좀 더 많이 넣은 사르수엘라Zarzuela라는 비슷한 음식이 있고, 포르투갈에는 어부들이 즐겨 먹는 칼데이라다Caldeirada라는 해물찌개가 있다.

지구상에서 사라질 운명에 처한 요리, 샥스핀

샥스핀Shark's fin은 중국에서 전복, 제비집과 더불어 3대 진미로 꼽힌다. 샥스핀은 상어 지느러미의 연골을 말린 것으로 중국어로 위츠魚翅:어시라고 부른다. 중국 광동지방에서는 무시불성석無翅不成席, 즉 샥스핀이 없으면 연회가 아니라는 말이 있을 정도로 귀한 대접을 받는 식재료이자 요리다. 상어 지느러미는 무색·무미·무취라서 특별한 맛은 없지만 연골 부분이라 씹히는 촉감이 독특하고 지느러미에 결이 있어 국물 맛이 속까지 잘 배어든다.

상어는 50cm 정도의 아주 작은 것부터 길이 18m 정도의 대형까지 전 세계적으로 250여 종이 있다. 그 중에서 청상어의 등지느러미를 최고로 친다. 등지느러미는 힘줄이 굵고 길며, 색이 밝고 광택이 나면서 매끄러운 것이 좋다. 무엇보다 크기가 클수록 좋은 것으로 친다. 비계와 비슷한 육질이 켜켜이 들어가 있고 콜로이드가 풍부하다. 마른 상어 지느러미는 물에 6~7시간 삶아 찬물에 헹군 다음 볶거나 탕 또는 찜으로 요리해 먹는다.

샥스핀의 유래는 명나라 3대 황제인 영락제가 명의 세력과 위엄을 과시하기 위해 '정화 원정대'를 꾸려 대항해시대를 열면서 시작됐다. 원정대는 동남아시아 지역을 지나다 먹을 것이 부족해 식량을 찾아 헤매다가 원주민이 먹고 버린 상어의 지느러미를 발견한다. 그 맛이 의외로 좋아서 지금은 중국을 비롯해 중화권 전체의 별미가 됐다.

상어는 지구상에 공룡과 같은 육지 척추동물이 존재하기 훨씬 전부터 바다에서 살아왔던 걸로 추정된다. 그러나 상어의 포획과 지느러미 채취가 오랫동안 무분별하게 이루어지면서 많은 종의 상어가 멸종 위기에 처했고 지느러미를 채취하는 방법이 너무 잔혹해 요즘은 서구 사회를 중심으로 샥스핀 요리를 법으로 금지하는 사례가 늘고 있다.

전통과 문화는 시대의 흐름과 가치관의 변화에 따라 바뀐다. 앞으로 샥스핀은 전 세계의 윤리적 소비지향에 따라 식탁에서 영원히 사라질 지도 모를 진귀한 요리가 될 수도 있다.

\ 풍미와 부드러움을 극대화 시키는 숙성법 /

드라이에이징
Dry aging

소, 돼지 같은 동물은 도축 직후에는 근육이 부드럽고 탄력성과 보수력이 높다. 도축 직후에는 근육세포들이 아직 살아 있고 일정량의 글리코겐을 지니고 있기 때문이다. 그러나 시간이 지나면 근육이 수축하면서 딱딱하게 굳어지는 사후경직이 일어난다.

살아있는 근육세포는 글리코겐을 젖산으로 바꾸어 에너지를 얻는다. 이때 생성된 산성 물질인 젖산은 산성이나 알칼리성의 정도를 나타내는 수소 이온 농도 지수인 pH를 떨어뜨린다. pH가 떨어지면 근육의 액틴과 미오신이 결합해 액토미오신이 생성되어 점점 근육이 뻣뻣해진다. 도축 전 생체의 근육조직은 중성인 pH 7.0~7.5를 지니고 있다. 도축 후 pH가 급격히 떨어지면서 pH 6.2~6.5가 되고 서서히 감소해 24시간 후에는 최저 pH인 5.4~5.6가 된다.

근육의 pH가 5.5이하가 되면 최대 강직이 오고 젖산의 생성도 중단된다. 그러나 숙성시키면 근육조직의 단백질 분해효소가 분해를 시작하고 자가 숙성이 되면서 단백질의 알칼리성 분해물에 의해 다시 6.1~6.4pH로 상승하고 8.0pH 이상에 이르면 부패한다. 그렇지만 자가 숙성을 거치면 아미노산과 L-글루탐산나트륨, L-글리신 성분이 생성되어 육질이 연해지고 MSG와 유사한 맛을 내는 지미 성분의 증가로 감칠맛이 난다.

드라이에이징은 도축된 고기를 연하게 하는 숙성방법이다. 옛날 사냥꾼들이 사냥한 짐승을 바로 먹지 않고 그늘에서 2~3일 숙성시켜 먹던 방식이다. 말리다의 'Dry'와 숙성의 'Aging'의 합성어로 드라이에이징은 말리는 과정에서 효소의 작용으로 근육의 사후경직이 풀리고 향미를 돋우는 방식으로, 시간이 만들어내는 맛이다. 일반적으로 통풍이 잘되는 곳에서 최소 10일에서 최대 40일 사이를 숙성기간으로 잡는다. 저장 온도는 세균 증식을 억제하는 섭씨 1~3℃, 습도는 70~85% 사이로 유지한다.

드라이에이징을 거친 고기는 겉면이 딱딱해지므로 먹을 수 없는 부분을 제거하고 안쪽 부분만 요리한다. 이 과정에서 제거되는 고기가 최대 50%나 된다. 1980년 대부터는 고기의 손실을 막기 위해 진공포장법인 웻 에이징Wet Aging으로 대체됐다.

고기의 손실을 막기 위한 웻 에이징

웻 에이징은 고기가 부패되기 직전 자가 숙성되면서 풍미가 농축되어 더욱 깊은 맛을 낸다. 고기 내부의 수분은 증발하지만 여러 종류의 아미노산이 생기고 육질이 훨씬 부드러워진다. 또한 겉면의 아미노산과 지미 성분이 안쪽으로 몰려 응축된 맛을 낸다. 고기가 숙성되면서 공기 중의 산소가 스며들어 붉은색 성분인 미오글로빈Myoglobin이 옥시미오글로빈Oxymyoglobin으로 변하며 점

▲ 드라이에이징은 고기가 건조되는 과정에서 효소의 작용으로 사후경직이 풀리고 향미를 돋우는 시간의 맛이다.

점 밝은 적색이 되고 광택과 탄력이 생긴다.

숙성은 근육구조 단백질인 액틴Actin과 미오신 섬유Myosin filament 사이의 결합력이 저하되어 근육의 길이가 짧아지면서 육질이 연해지는 과정이다. 동시에 근육에 존재하는 카뎁신Cathepsin 효소에 의해 단백질이 가수 분해되어 유리 아미노산과 올리고 펩타이드가 생성되어 고기의 맛과 풍미가 향상되고 보수성이 증가한다. 사후경직 시 분해된 ATPAdenosine triphosphate는 ADPAdenosine diphosphate · AMPAdenosine monophosphate를 거치면서 최종적으로 IMP와 이노신산으로 분해돼 고기에 감칠맛을 더한다. 또한 인산, 젖산 등이 콜라겐에서 젤라틴으로 부풀어 오르는 과정을 도우면서 고기가 연해진다.

고기는 숙성 과정을 거치면서 감칠맛이 나는 육질이 된다. 그러나 웻 에이징은 숙성시간이 너무 길면 미생물의 번식과 산패로 육질이 나빠진다. 소, 돼지는 도축 후 7~14일, 닭고기는 8~24시간이 적당하다. 또한 사후경직이 완료되지 않은 고기를 숙성시키면 근섬유가 심하게 단축되어 오히려 육질을 나빠지게 하므로 소 돼지는 도축 후 근육의 pH가 5.5의 최대 사후 강직이 일어나는 12시간, 닭은 6시간이 적당하다.

고기의 맛을 평가하는 다양한 기준

고기의 맛은 색깔·보수성·연도·조직감 및 풍미로 평가된다. 색깔은 밝고 선명한 선홍색으로 광택이 있는 것이 좋다. 보수성保水性은 단백질 사이에 수분이 함유되어 있는 연도를 의미한다. 보수성이 높을수록 고기를 익혔을 때 퍽퍽하지 않고 풍부한 육즙과 부드러움을 느낄 수 있다. 연도는 결합조직이나 근육 내 지방의 함량 등에 영향을 받는다. 조직감은 고기의 강직 상태, 고기의 보수성, 근내지방 함량 및 결합조직 함량에 따라 달라진다.

고기의 풍미는 주로 혀에서 느끼는 맛과 코에서 느끼는 냄새, 입속의 압력과 열에 민감한 부분에서 오는 반응이 종합돼 느껴지는 감각이다. 고기의 맛에 영향을 가장 크게 미치는 것은 단백질이 분해되면서 생성되는 아미노산 및 저분자 펩티드Peptide들과 지방산을 포함해 가열 시 형성되는 수백 가지의 휘발성 물질에 의해서다.

고기가 부위별로 맛이 다른 이유는 근육의 상태에 따라 육질에 차이가 나기 때문이다. 육질의 차이는 품종, 성, 연령, 운동량, 영양 상태, 고기의 사후 처리 방법 및 저장 상태 등에 영향을 받는다. 부위별로 차이가 있지만 운동량이 상대적으로 적은 등심, 안심, 갈비 등은 근육 결합조직의 발달이 적고 근육과 근섬유 사이에 지방조직이 잘 발달해 질기지 않고 풍미가 좋은 최고의 부위로 꼽힌다.

\ 소멸 위기의 토종 종자를 지켜라 /

맛의 방주
Ark of Taste

인공의 속도가 아니라 자연의 속도에 따라 생산된 먹거리를 '슬로푸드Slow food'라고 한다. 슬로푸드를 추구하는 현대인은 대체로 좋은 음식을 섭취하면서 삶의 질을 개선하고, 그것으로 즐거움을 누리고자 한다. 또한 각 지역의 특성을 지닌 전통적이고 다양한 음식문화의 계승 발전과 환경을 위한 배려에도 큰 의미를 두고 있다.

슬로푸드는 전통적인 방식으로 재배한 식재료로 조리하며, 영양이 풍부하고 소화가 잘 되는 것이 특징이다. 속도와 효율성을 최고의 가치로 여기는 패스트푸드와 달리 다양한 맛을 즐길 수 있고 화학조미료를 사용하지 않아 건강에도 좋고 환경 역시 보호할 수 있다. 1986년 이탈리아 북부 피에몬테 브라Bra 마을에서 시작된 슬로푸드 운동은 비만이나 당뇨 등을 일으키는 패스트푸드에 반기를 들고 정성이 담긴 전통음식으로 건강한 먹거리를 되찾자는 취지다.

'맛의 방주'는 이탈리아에 본부를 두고 있는 150여 개국 10만여 회원의 비영리기구인 슬로푸드국제본부Slow Food International의 프로젝트의 일환이다. 구약성서의 창세기에 나오는 노아의 방주Ark of Noah에서 모티프를 가져왔다. 지상을 뒤덮은 40일의 대홍수에서 신의 계시를 받은 노아가 방주를 만들어 가족과 짐승, 공중의 새들을 위기에서 구한 것처럼 맛의 방주는 멸종 위기에 있는 토종 종자와 먹거리를 찾아 목록을 만들고 소비자의 관심과 소비를 이끌어 멸종을 막으려는 사업이다.

맛의 방주에 등재되기 위해서는 각국 위원회가 추천하는 전통 먹거리를 20일간 공개 검증해야 한다. 선정 기준은 특징적인 맛을 가지고 있고 특정지역의 환경, 사회, 경제, 역사와 연결되고 소멸 위기에 처해 있어야 하며 전통 방식으로 생산돼야 한다. 전 세계적으로 150여 개국 3800여 종의 종자와 먹거리가 등재되어 있다. 우리나라는 2016년 현재 55종의 토종 종자 및 음식이 맛의 방주에 등재되어 있다.

맛지킴이두레, 고유 음식자원을 지켜나가는 공동체 지원

맛지킴이두레Presidia는 생명 다양성 운동의 일환으로 맛의 방주에 등재된 품목을 중심으로 고유의 음식자원을 지속적으로 지켜나가는 공동체를 지원하는 사업이다. 맛의 방주가 온 인류가 지켜야 할 토종 음식과 종자 품목을 담은 목록인데 반해 맛지킴이두레는 이를 넘어 슬로푸드국제본부와 해당 국가 위원회가 공동으로 지속 가능한 공동체 구성을 도모한다는 점에서 차이가 있다. 특히 맛의 방주와 달리 맛지킴이두레는 상업적인 성격을 지니며 생산자 이름까지 명시된다. 전 세계에 맛의 방주로 등재된 것 중에 400개의 맛지킴이

▲ '맛의 방주'는 이탈리아에 본부를 두고 있는 150여 개국 10만여 회원의 비영리기구인 슬로푸드국제본부Slow Food International의 프로젝트의 일환이다.

두레를 선정, 지원하고 있다. 현재 관련 인증을 받은 나라는 슬로푸드 회원국 150개국 중 55개국이며 우리나라는 이탈리아, 스위스, 스페인 등에 이어 세계 8번째, 아시아에선 가장 많은 맛지킴이두레를 보유하고 있다.

국내에는 맛의 방주에 등재된 55가지 품목 중 2013년에 등재된 8가지 품목은 눈여겨볼 만하다. 푸른 독새기 콩으로 만들어 냄새가 별로 나지 않고 술의 향이 나며 단맛이 도는 '제주 푸른 콩장', 글루텐이 낮고 단맛을 지니며 특유의 향이 좋은 '진주 앉은뱅이밀', 몸 전체가 검은 '연산오계', 육질이 연하고 지방 함량이 적으며 고기 색깔이 일반 한우보다 검붉은 '칡소', 울릉도에서만 자생하는 백합과에 속하는 여러해 살이 풀로 비빔밥에 주로 넣어 먹는 '섬말나리', 붉은색이 감돌고 둥글납작하며 가운데 구멍이 뚫려 엽전 모양 같아 돈차라고 불리기도 하고, 푸른 이끼가 낀 모양이라 청태전으로 불리기도 하는 덩이 발효차인 '장흥 돈차', 농축된 바닷물을 가마솥에 넣고 끓여 만든 소금인 '자염'이 있다.

맛의 방주에 등재된 20가지 중 4가지가 맛지킴이두레

2014년에 맛의 방주에 등재된 20가지 식품은 크기가 작고 붉은빛을 띠며 입자가 부드럽고 치밀한 '울릉 홍감자', 옥수수로 만든 막걸리 '울릉 옥수수엿청주', 해초를 이용해 손으로 잡는 '울릉 손꽁치', 사능에 있는 단 한 그루만 존재하는 황실배나무에서 나오는 '남양주 먹골 황실배', 부드럽고 달지 않는 꿩을 원료로 만든 '제주 꿩엿', 들판이나 밭에 나갈 때 걸쭉하게 된 술을 양하잎에 싸서 점심 도시락에 넣어 갔다가 물에 타서 마시는 '제주 강술', 쉰 보리밥도 아까워 씻어서 누룩가루를 넣어 발효시켜 만든 음료인 '제주 쉰 다리', 제주 재래귤 14종 중 하나인 노란빛이 강하고 쓴맛과 함께 깊은 유자 맛이 나는 '제주댕유지', 육질이 부드럽고 맛이 뛰어난 '제주 재래돼지', 숙성하고 삭히는 과정이 독특한 '예산 삭힌 김치', 육류와 해조류를 넣고 숙성시킨 예산 지방의 고유한 '예산집장', 멸종 위기에 있는 토종닭을 전통 방식으로 사육하는 '파주현인닭', 죽력고·이강고와 더불어 조선 3대 명주의 하나인 '감홍로', 전북 지역 산기슭이나 밭두렁 등지에서 자생하는 토종 감으로 만든 인류 최초의 조미료인 '먹시 감식초', 효자고기로 불리는 민물고기인 '논산 을문이', 간장에 소고기와 숭어, 복어를 넣어 맛장과 소금으로 담근 젓갈인 '진주 어육장', 민물에 사는 새우인 '토하', 저장하는 동안 노란색에서 녹색으로 바뀌는 우리나라 재래종으로 왕실 진상품이었던 '청실배', 어패류에 소금을 넣어 내장에 있는 효소에 의해 1년 이상 어육을 분해·숙성시켜 거른 액체 천연 조미료인 '어간장'이다.

이중 맛지킴이두레에는 '제주 푸른콩장 지킴이두레', '연산 오계 지킴이두레', '울릉 산채 지킴이두레(섬말나리·두메부추·참나물·참고비)', '장흥 돈차 지킴이두레'가 지정됐다.

삶의 속도가 빨라질수록 모든 면에서 경쟁도 치열해진다. 빠른 생활은 물질적 풍요를 가져다 준 반면 정신적 여유와 안정은 빼앗아 갔다. 우리의 존재방식도 속도의 노예로 변화시켰다. 슬로푸드는 전통과 토속 요리, 오랜 관습을 지키려는 노력을 통해 미각을 좀 더 발전시키려는 절차다. 막연히 좋은 식재료가 아닌 자연친화적이며 윤리적이고 공정한 절차를 거쳐 생산된 식재료로 옛날 전통방식으로 만든 요리를 통해 보다 나은 미래의 음식문화를 보장하는 것이다.

\ 맛의 윤곽을 뚜렷하게 하다 /

소금
Salt

    우리 몸속에는 0.9%의 염분이 있기 때문에 체온이 36.5℃로 비교적 높음에도 불구하고 인체가 부패하지 않는다. 우리 몸속 나트륨의 농도가 높아지면 혈액 속에 삼투압이 증가해 혈압이 상승하고, 나트륨 농도가 낮아지면 백혈구의 활동성이 감소한다. 혈액 내 나트륨 농도가 리터당 125~135mmol 미만이면 저나트륨혈증으로 수분이 세포 안으로 이동하게 된다. 우리 몸에서 소금은 신진대사를 촉진시키고 근육의 수축, 지방과 유해가스의 흡착, 배설 및 신경 물질의 전달 등 다양한 역할을 한다.

    소금은 음식 맛의 윤곽을 뚜렷하게 만드는 역할을 한다. 식재료가 원래 가지고 있는 향을 향상시키기도 한다. 여러 가지 재료가 결합된 음식의 다양한 맛을 한 곳에 모아준다. 고기와 소스를 결합시키고 채소의 단순한 단맛을 깊이 있고 감칠맛 나게 해준다. 이 외에 고기와 생선의 숙성을 통제해 장기 보존을 가능하게 하고 빵의 글루텐을 강화하기도 한다.

한 음식평론가는 "소금을 음식에 덜 쓰는 것은 '조리'라는 음악에서 조화를 이루는 모든 맛과 냄새 밑에 깔리는, 빠져서는 안 되는 베이스를 생략하는 것과 같다"고 말했다.

소금은 체액의 균형을 잡아주는 필수 요소 중 하나이다. 사람이 음식물을 먹지 않았을 때 10일간 생존이 가능하고 물이 없어도 5일 이상을 버틸 수 있지만 소금을 섭취하지 못하면 3일 이상 생존하기 어렵다.

소금은 우리가 먹는 음식의 간을 맞춰 주고 음식을 저장할 때 비린내와 쓴맛을 없애준다. 소금Salt이란 단어의 어원은 라틴어 'Salarium(봉급)'에서 왔다. 고대 로마시대에 소금의 가치는 대단해서 군인들의 급료를 소금으로 지불한 데서 유래됐다.

소금의 종류

소금에는 크게 천일염과 정제염 그리고 재제염(꽃소금)이 있다. 천일염은 염전에서 바닷물을 자연 증발시켜 생산하는 소금으로 전 세계 천일염 생산량의 2/3가 암염에서 나온다. 염도 2~3%의 바닷물을 자연 증발시켜 만드는 천일염은 염전에서 바닷물이 소금으로 되기까지 25일 정도 걸린다. 천일염의 품질은 바닷물과 햇볕도 중요하지만 바람의 역할이 가장 중요하다. 바람이 너무 세게 불어도 너무 약하게 불어도 안 된다. 24~27℃로 불어오는 미풍이 생산의 최적 조건이다.

천일염은 5월 말에서 6월 초에 생산되는 소금을 최고로 친다. 이 시기의 기후 조건이 소금 생산에 가장 적합하고 일교차가 크지 않아 염도가 높지만 쓴맛이 나지 않아 식용으로 가장 적당하기 때문이다. 바람이 많이 불고 온도가

▲ 소금은 우리가 먹는 음식의 간을 맞춰 주고 음식을 저장할 때 비린내와 쓴맛을 없앤다.

낮으면 결정체가 작고 쓴맛이 강해 식용으로 사용할 수 없다. 반면에 햇볕이 뜨겁고 바람이 적어 짠맛이 강한 고질염은 품질이 낮은 소금으로 평가한다.

천일염은 염화나트륨 비율이 80% 정도로 체내에 흡수되면 음식에 들어 있는 칼륨 성분에 의해 나트륨의 대부분이 배설된다. 오로지 짠맛만 있는 정제염과 달리 천일염은 성인병으로부터 우리 몸을 지키게 해준다.

정제염은 바닷물을 이온교환식으로 염화나트륨만 추출한 소금이다. 천일염과 달리 99.9%가 염화나트륨이다. 재제염은 천일염과 정제염을 녹여 불순물을 제거하고 다시 가열해 결정시켜 만든다. 결정 모습을 빗대어 꽃소금이라고도 한다. 우리나라에서는 2008년 3월까지만 해도 식품위생법에서 정제염만을 식용 소금으로 인정했다.

광물에서 건강한 소금으로의 변화

천일염은 80%의 염분 이외에 20%의 불순물을 갖고 있다는 이유로 광물로 분류되어 왔다. 불순물에는 모래, 흙, 규소도 포함되어 있지만 인체에 유해한 칼슘·마그네슘·칼륨과 같은 미네랄 성분도 다량 함유되어 있다. 천일염을 장기간 보관하면 주변의 수분을 흡수해 물처럼 축축해지는데 이 물을 간수라고 한다. 천일염의 간수는 쓴맛이 나고 독성을 일부 포함하고 있기 때문에 간수를 빼는 숙성 과정을 거쳐야 한다. 보통 3~5년 이상 자연 숙성시켜 간수를 제거하는 것이 일반적이다.

세계에서 생산되는 소금 중 30%만이 천일염이고 나머지 70%는 정제염이다. 우리나라도 국내산 천일염은 10% 정도이고 나머지는 수입된 정제염이다.

소금은 체내 삼투압을 유지시켜주는 데 필수지만, 과다 섭취는 신체의 기능 이상을 가져올 수 있다. WHO에서 정한 하루 권장량 소금 5g을 지키는 게 반드시 필요하다. 질 좋은 나트륨은 체내의 중금속과 독성 물질을 체외로 배출시켜 주는 역할을 하므로 건강한 천일염을 섭취하는 것이 중요하다.

\ 일백 스무개 부위별 맛을 즐긴다 /

올 어바웃 소고기
All about Beef

　소고기를 120여 가지 부위별로 맛을 즐기는 문화를 가진 나라는 전 세계에서 우리나라뿐이다. 소고기 하면 안심, 등심, 불고기, 국거리 정도면 충분하다고 생각할 수 있지만 우리가 식용으로 하는 소고기의 부위는 120여 가지에 달하며 부위마다 명칭이 다르다.
　미국의 문화 인류학자 마거릿 미드 Margaret Mead, 1901~1978는 "지구상에서 소고기를 부위별로 맛을 세분해 내는 고도의 미각 문화를 지닌 민족은 한국인과 동아프리카의 보디족뿐이다"라고 했다. 영국은 35부위, 일본은 15부위, 보디족은 51여 부위로 육식을 세분하는 데 비해 한국은 무려 120여 부위로 세분한다.
　우리나라는 과거에 축산물 가공 처리법에 의해 소고기를 8개 부위로 분할하고 17개 부위로 재분할했다. 1990년대에 들어서면서 경제성장과 더불어 식육의 소비성향이 양에서 질로 전환되면서 축산물의 고품질화를 지향하기 위해 육류의 능급제도가 도입됐다.

2014년 축산물 위생관리법 시행규칙에 따른 농림부 고시 《식육의 부위별, 등급별 및 종류별 구분방법》에 의하면 대분할 명칭 10개 부위에 소분할 명칭 39개 부위로 명칭을 정하고 있다.

농림부 고시에 따른 대분할 10개, 소분할 39개

대분할 10개 부위는 안심, 등심, 채끝, 목심, 앞다리, 우둔, 설도, 양지, 사태, 갈비로 구분한다. 39개 부위의 소분할은 안심은 안심살, 등심은 다시 윗등심살·꽃등심살·아래등심살·살치살로 나눈다.

채끝은 채끝살로 목심은 목심살, 앞다리는 꾸리살·부채살·앞다리살·갈비덧살·부채덮개살로 구분한다. 우둔은 우둔살·홍두깨살로 나눈다. 설도는 보섭살·설깃살·설깃머리살·도가니살·삼각살로 구분하고 양지는 양지머리·차돌박이·업진살·업진안살·치마양지·치마살·앞치마살로 세분한다. 사태는 앞사태·뒷사태·뭉치사태·아롱사태·상박살 그리고 갈비는 본갈비·꽃갈비·참갈비·갈비살·마구리·토시살·안창살·제비추리로 구분한다.

소고기는 종류별로 구분해서 판매를 하는데 국내산 소고기는 종류에 따라 한우고기, 젖소고기, 육우고기로 구분한다. 한우고기는 한우에서 생산된 고기를 말하고 젖소고기는 송아지를 낳은 경험이 있는 젖소 암소에서 생산된 고기를 말한다. 육우고기는 육용종, 교잡종, 젖소 수소 및 송아지를 낳은 경험이 없는 젖소 암소에서 생산된 고기와 검역계류장 도착일로부터 6개월 이상 국내에서 사육된 수입 생우에서 생산된 고기를 말한다.

소를 몰 때 휘두르는 채찍의 끝부분이 닿는다고 해 이름 붙여진 채끝살은

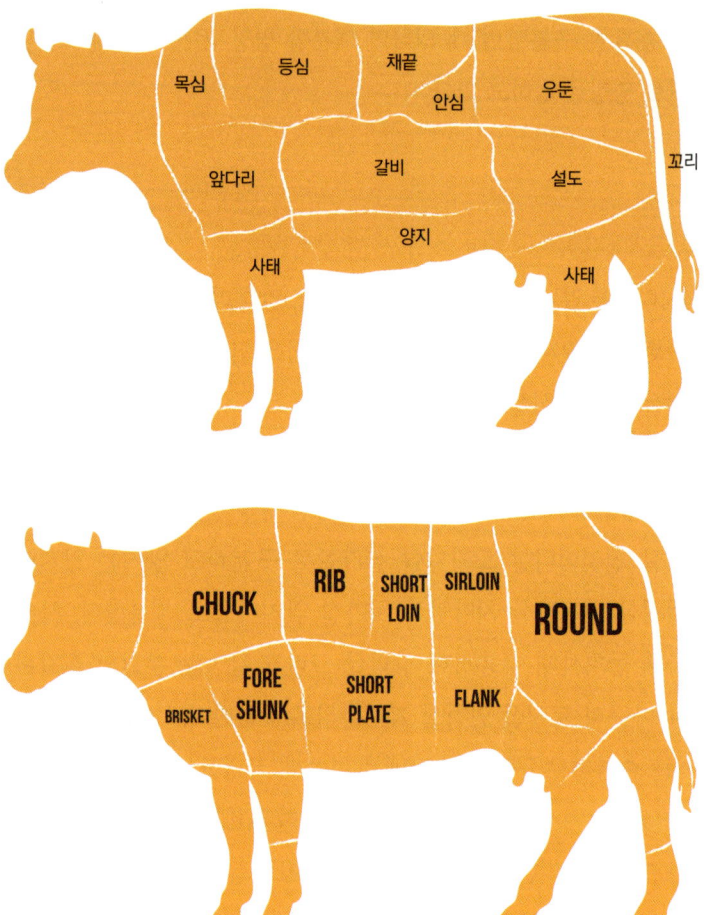

▲ 우리나라(사진 위)와 미국(사진 아래), 호주의 소고기 부위별 명칭은 조금씩 다르다

부드럽고 고소한 향미를 가지고 있어 스테이크용이나 산적용으로 많이 쓴다. 꾸리살은 근육의 모양이 둥글게 감아 놓은 실꾸리처럼 생겼다고 해 붙여진 이름이다. 갈비 바깥쪽과 앞다리 사이에 있는 둥근 근육으로 마블링이 적고 식감이 쫄깃한 편이라 불고기나 국거리용으로 적당하다.

부채살은 앞다리 위쪽 부분으로 썰어 놓으면 옛날 나인들이 임금님의 좌우에서 들고 서있던 깃털 부채 모양처럼 생겼는데 약간은 질기지만 씹을수록 쫀득하며 특유의 감칠맛이 우러나 구워 먹기에 적당하다. 홍두깨살은 뒷다리 안쪽 엉덩이 부분 우둔살 옆, 긴 홍두깨 모양으로 지방이 거의 없는 살코기 덩어리로 육즙이 진해 장조림이나 육포, 육회에 이용하면 좋다.

부위별로 다른 이름, 다른 조리법

설도는 뒷다리 중 넓적다리 앞쪽과 위쪽 궁둥이 살코기로 설도의 도가니살에는 무릎과 발목의 연골 주변을 감싸고 있으면서 삶으면 투명해지는 젤라틴 성분이 많이 들어있다. 소 한 마리에 10kg 정도 나오는 귀한 부위로 단백질, 필수 아미노산, 칼슘, 철분, 황, 마그네슘, 칼륨 등 무기질이 풍부해 성인병 예방에 효과가 있다고 해 주로 탕으로 먹는다.

설도의 보섭살은 도가니살 윗부분 채끝에 이어지는 허리 아래 뒷다리 부분으로 육질이 연하고 부드럽고 풍미가 좋아 육회나 구이, 샤브샤브, 스테이크 등으로 사용한다. 설도의 삼각살은 삼각형 모양으로 설깃살과 보섭살 사이를 분리한 것이다.

양지는 몸통의 앞가슴부터 복부 아래쪽 부위로 지방과 결합 조직이 많아 육질이 치밀하고 단단해 오랜 시간 끓이면 국물이 진하게 우러나 국거리용으

▲ 우리나라 사람들은 소의 머리끝에서 꼬리 끝까지 각각의 이름을 붙이고 맛을 구분하고 요리법을 개발했다.

로 좋다. 하얀 지방이 살코기 속에 차돌처럼 박혀 있는 차돌박이는 소의 1번 갈비뼈에서 7번 갈비뼈 밑에 붙어 있다. 고소하고 쫀득한 듯 꼬들꼬들하면서 씹을 때 질기지도 무르지도 않아 샤브샤브나 구이용으로 좋다.

업진살은 소가 엎드렸을 때 바닥에 닿는 뱃살 부분으로 질기지 않고 근육 사이에 지방이 많아 구워먹거나 수육으로 먹으면 좋다. 안창살은 창문 안쪽의 커튼 윗부분의 주름살처럼 생긴 모양으로 갈비뼈 7번과 13번 사이 안쪽에 붙어 있는 토시살과 함께 내장을 붙들고 있는 근육이다. 검붉은 자주색으로 소 한 마리에 1.2~1.8kg밖에 나오지 않는 귀한 부위다. 쫄깃한 씹힘과 고소하고 단맛의 여운이 있어 구이용으로 제격이다.

소의 머리끝부터 꼬리 끝까지 맛을 구분하는 민족

제비추리는 제비 꼬리처럼 날씬하고 긴 띠 모양의 근육살로 갈비 안쪽 목뼈의 몸통에 따라 30~40cm 정도로 길게 붙어있으며 소 한 마리에 가장 적은 250g 정도로 2개가 나온다. 실은 붉은색을 띠며 소식이 난난하지만 부드럽고 육즙이 풍부해 고소하고 연한 맛을 자랑한다. 특히 제비추리는 지방 함량이 적고 담백해 구이용으로 최적이다.

그 밖에 소의 턱밑 부분을 멱미체라고 하고 수레나 쟁기를 끌기 위해 목에 얹는 구부러진 막대가 닿는 늑골 등 부분에 있는 가시돌기처럼 생긴 살을 멍에살이라 한다.

개씹머리는 첫 번째 위인 양에 붙은 고기로 즙을 내어 보약으로 먹는다. 소의 꼬리뼈 창자 끝에 달린 기름기가 많은 부분을 곤자소니, 양지머리 배꼽 위에 붙은 고기를 다대, 소의 사타구니에 붙은 고기를 대접, 목덜미 위쪽에 붙은 고기를 도래목정, 목덜미 아래에 붙은 살을 서푼목정, 볼기에 붙은 기름기 많은 살을 구녕살, 찌개거리로 쓰는 소의 다리 안쪽에 붙은 살을 달기살, 소의 양(첫 번째 위)에 붙어 있는 넓적한 부위를 장판머리, 젖가슴과 그 부위 살코기를 젖부들기라고 한다.

  우리 민족은 소의 머리끝에서 꼬리 끝까지 근육과 내장은 물론 혓바닥, 젖통살, 도가니, 뼛속의 골수, 껍질까지 각각의 이름을 붙이고 맛을 구분하고 요리법을 개발했다.

\ 물로 고기를 굽는다 /

수비드
Sous-vide

수비드는 프랑스어로 진공저온 조리법Under-vacuum을 말한다. 수비드는 여러 식재료를 내열성 비닐팩에 진공 포장한 뒤 일정한 온도로 물을 가열하는 장치를 이용해 일정 시간 열을 가하거나 온도 제어 증기 환경에서 조리하기 때문에 재료 본연의 맛을 그대로 유지하면서 최상의 식감과 영양소를 살어내는 조리법이다.

물의 온도는 재료에 따라 각각 다르다. 고기류는 55~60℃, 채소류는 그보다 높은 온도로 길게는 72시간 동안 완만하게 재료의 내부 온도를 올려 조리한다. 수비드는 음식의 겉과 속을 골고루 가열함과 동시에 음식물의 수분을 그대로 유지하는 조리법이다. 육질을 질기게 하는 원인인 70℃ 부근(소고기 스테이크 레어인 경우 49℃, 미디엄 레어 56℃, 미디엄 60℃, 미디엄 웰던 65℃)에서 발생하는 콜라겐의 단백질 변성이 일어나지 않으므로 부드러운 식감을 만들 수 있다. 채소는 수비드로 조리하면 아삭한 식감을 그대로 살릴 수 있다.

◀ 수비드로 조리하면 고기의 단백질을 가열하지 않고 젤라틴으로 분해할 수 있고, 채소는 선명한 채소 그대로의 질감을 유지할 수 있다.

일반적인 조리법은 아래에서 위로 열이 전달되므로 온도 차이에 의해 골고루 익지 않는다. 오븐에서 조리할 경우도 여러 방향에서 열이 가해지지만 높은 열 때문에 내부까지 익히려면 겉 부분에 상대적으로 더 높은 온도가 가해져 마르게 된다. 수비드는 시간이 지남에 따라 고기 전체가 물 온도와 같아지면서 균일한 조리 상태를 유지할 수 있다.

수비드는 1799년 영국의 벤자민 톰슨Benjamin thompson 백작이 처음으로 수비드라는 방법을 이론적으로 고안했다. 이후 1960년대 중반 미국과 프랑스의 과학자들에 의해 식품산업 보존 방법으로 연구됐고, 수비드 이론을 흥미롭게 생각한 퀴진솔루션의 수석 연구자 부르노 코소Bruno Coussalult 박사가 실제적인 방법으로 1971년 수비드 조리법을 완성했다. 최초로 수비드 조리법을 사용한 메뉴는 1974년 조지 프랄루스Georges pralus의 레스토랑에서 선보인 푸아그라 메뉴였다.

수비드로 조리하면 고기의 단백질을 가열하지 않고 젤라틴으로 분해할 수 있다. 물의 비등점 이하로 요리하는 채소는 선명한 채소 그대로의 질감을 유지할 수 있다. 수비드는 식품을 완벽하게 가공할 수는 있지만 음식을 맛있게 한다고는 볼 수 없다.

고기는 시즈닝으로 시작해 마무리는 시어링으로 맛을 내는 것이 일반적이다. 시즈닝Seasoning은 식재료에 소금, 로즈마리, 허브 등으로 맛과 향이 더하도록 양념하는 것을 말한다. 시어링Searing은 고기를 태우는 과정으로 시어링 시간이 길어지면 고기 안쪽까지 더 익게 되고 고기의 아미노 화합물을 가열했을 때 일어나는 특별한 풍미의 마이야르 반응(갈변반응)이 154℃에서 일어나므로 프라이팬을 뜨겁게 하거나 토치로 지지는 방법이 있다.

고기는 열로 조리할 때 성분 내 콜라겐이 젤라틴화되기 때문에 근육이 질겨진다. 열을 가하는 동안 근원섬유들은 수축되어 고기가 단단해지기 때문에 식재료의 두께가 중요하다.

일반적으로 식재료의 두께가 두꺼울수록 중심부의 온도를 높이는 시간이 길어야 하고 조리 온도가 낮을수록 멸균 시간이 길어야 한다. 삼겹살처럼 두껍고 결합조직(콜라겐) 함량이 많은 재료는 조리시간이 길어야 부드러워진다. 생선은 콜라겐이 없어 조리시간을 짧게 할 수 있다. 소고기의 단백질 중 미오신은 50℃에서 변성되고 액틴은 65.5℃에서 변성되어 고기가 질기고 퍽퍽해지지만 식중독으로부터 안전하려면 58~65.5℃는 이르러야 한다.

  수비드 요리는 이러한 장점만을 살린 조리법이다. 수비드는 온도를 고정 시키고 시간을 조절하는 것이 핵심이다. 수비드 요리가 맛있는 이유는 설정온도가 요리의 최종 온도이므로 아무리 오래 조리해도 덜 익거나 더 익지 않는다. 또 음식 재료를 비닐로 진공 포장하기 때문에 열이 사방으로 전달되어 음식 전체가 고루 익고 육즙이 전혀 증발하지 않아 그대로 머금고 있다. 수비드 요리 후 보관 온도는 -4~4℃가 적당하다. -4℃ 이하가 되면 변성에 의해 맛이 없어진다.

\ 혀끝에서 느끼는 감칠맛의 비밀 /

MSG
Monosodium L-glutamate

원미元味는 맛의 기본이다. 서양에서는 만물의 기본 요소를 4원소로 보는 4원소 설이 있다. 즉 물·불·공기·흙을 만물의 기본 요소로 생각한다. 이 4원소 설에 의해 원미도 쓴맛·짠맛·단맛·신맛이라 여겨왔다. 그런가 하면 동양에서는 음양오행설에 의해 원미를 쓴맛·신맛·짠맛·단맛·매운맛으로 생각한다. 동양에서는 다섯 가지 원미 외에 제6의 맛으로 감칠맛을 꼽는다. 국물 문화가 발달한 아시아에서 감칠맛을 내기 위해 동물의 사골·사태나 해산물로 맛국물을 내거나 버섯·다시마에서 우려낸 아미노산 또는 핵산으로 혀에서 감칠맛을 느끼게 한다.

인공조미료인 MSG(L-글루탐산나트륨)의 주성분인 글루탐산 Glutamic acid은 1866년 독일의 화학자인 카를 하인리히 리트하우젠 Karl Heinrich Ritthausen이 처음 발견했다. 그러나 당시에는 글루탐산이 감칠맛의 성분이라는 사실을 몰랐다가 1908년에 일본 동경제대의 이케다 기쿠나에 박사가 다시마에 함유된 글

▲ MSG의 제조법은 밀, 탈지콩, 옥수수 등의 단백질을 가수분해 하는 방법과 화학적 합성법 그리고 발효법이 있다. 최근에는 대부분 당, 전분, 포도당을 원료로 하는 발효법으로 제조하고 있다.

루탐산이 감칠맛임을 발견하고, 우마미Umami라고 명명한다. 그후 그는 일본기업과 함께 MSG 조미료를 만들고, '아지노모토味の素'라는 이름의 제품을 선보이기도 했다.

MSG 제조법은 밀, 탈지콩, 옥수수 등의 단백질을 가수분해하는 방법과 화학적 합성법 그리고 발효법이 있다. 최근에는 대부분 당, 전분, 포도당을 원료로 하는 발효법으로 제조하고 있다.

MSG의 안전성에 대한 논란은 1968년 미국의 의사 '로버트 호만 콕'이 중국

음식을 먹은 후 느낀 가슴 압박감, 메스꺼움, 두통 등의 증상, 즉 중국음식점 증후군CRS : Chinese Restaurant Syndrome에서 비롯됐다. 그 후 지난 수십 년간 안전성에 대한 연구가 진행됐지만 뚜렷한 부작용은 전혀 나타나지 않았다. 일본과 유럽은 물론 유엔식량기구FAO와 세계보건기구WHO가 공동으로 운영하는 국제식품규격위원회CODEX에서도 MSG를 설탕이나 소금처럼 아무런 제한 없이 사용 가능한 식품군으로 분류하고 있다.

우리나라 식품안전처 자료에도 MSG는 1일 섭취 허용량을 별도로 정하지 않고 있는 품목이고 일반 소금과 함께 사용하는 경우 전체 나트륨 섭취를 20~40% 감소시킬 수 있다고 한다. 또한 MSG의 일종인 5-이노신산 나트륨과 5-구아닐산 나트륨을 식품에 첨가하면 감칠맛뿐만 아니라 신맛과 쓴맛을 억제해 맛을 부드럽게 한다. 특히 L-글루탐산나트륨을 같이 사용하면 상승작용을 일으켜 감칠맛은 더욱 더 강해진다.

감칠맛에 익숙지 않은 서양에서는 일본어를 따라서 '감칠맛 물질Umami substance'이라는 표현으로 통용되고 있다. MSG 대신 '가수분해 콩 단백질Hydrolyzed soy protein'이나 '자기분해 이스트Autolyzed yeast'라는 이름을 쓰기도 한다. 그럼에도 MSG 성분은 영국인이 너무나 사랑하는 효소 추출물인 마마이트Marmite 잼, 태국 요리에 들어가는 골든 마운틴Golden Mountain 소스, 남미의 고야 사존Goya Sazon, 코스타리카 사람들이 부엌의 보물단지처럼 모시고 있는 살사리자노Salsa Lizano 소스, 느끼함이 적고 새콤한 맛이 나는 일본의 큐피 마요네즈Kewpie mayonnaise에까지 함유되어 있을 만큼 충분히 대중화돼 있다.

\ 인생의 동반자 혹은 죽음의 천사 /

술
Liquor, Alcoholic drink, Wine

주정과 알코올 성분이 1% 이상 들어 있는 음료를 통틀어 술이라고 한다. '술'처럼 평가가 엇갈리는 음료도 없다. 잘 마시면 약이 되고 못 마시면 독이라고 한다. 그러나 아직까지 많은 주당들은 술을 신神이 만들어 낸 가장 훌륭한 음료이며 또한 인생의 가장 좋은 동반자라고 극찬을 아끼지 않고 있다. 제우스 신이 보호했던 마케도니아의 위대한 왕 알렉산드로스도 술독에 빠져 죽었다.

술의 강도는 도수로 표시한다. 도수는 술에 포함된 에틸알코올의 양에 따라 도수가 결정된다. 즉 용량 백분율Volume by Percent이다. 숫자에 도를 붙여 알코올분을 표시하며 40도 혹은 40%는 알코올분이 40/100이라는 것이다. 이것은 프랑스의 게이 루삭Gay Lussac이 고안한 측정방법으로 이탈리아, 러시아, 오스트리아, 우리나라 등 여러 국가에서 사용하고 있다.

반면 미국은 프루프Proof-pf 단위를 사용한다. 화씨 60°(섭씨 15.6°)의 물 0에

에틸알코올 200이 들어간 것을 1프루프로 계산한다. 우리나라에서 사용하는 도수의 2배가 미국의 프루프이다. 쉽게 말해 1프루프는 우리나라 기준으로 0.5도이며 미국 술의 대표주자 격인 조니워커는 80프루프이므로 우리나라 도수로는 40도이다. 일부 미국 술은 도수로 표기하고 있다.

술은 제조방법이나 생산 지역에 따라 다양하게 구분된다. 그러나 일반적으로 곡물이나 과일을 효모로 발효시킨 양조주Fermented와 양조주를 재차 증류한 증류주Distilled Liquor, 그리고 증류주에 기타의 여러 가지 성분을 혼합한 혼성주Compounded Liquor의 3가지로 분류한다.

양조주에는 과일을 천연 발효시켜 숙성·여과한 와인(포도)과 사과를 숙성한 시드르Cidre, 발포성 와인인 샴페인 등 과일주가 있다. 곡물주는 곡물을 가수분해해 효모로 발효시킨 것으로 맥주(보리), 황주(쌀·수수), 막걸리(옥수수·밀·쌀)가 있다. 야자나무 수액을 원료로 하는 '야자주'와 용설란 수액을 발효한 '팔케'도 있다.

세계에서 가장 비싼 증류주

증류주는 곡물을 발효시켜 만든 양조주를 다시 증류해 얻은 술이다. 숙성시킨 보리의 싹을 틔운 맥아를 사용한 술로 소비자 가격 2800만 원, 샷 잔 기준으로 1잔에 약 200만 원의 매우 비싼 술이다. 전 세계에 400병, 우리나라에서 10병만 리미티드 에디션으로 출시된 맥캘란 라리끄The Macallan Lalique의 몰트 위스키와 옥수수, 보리 등 곡물로 만든 그레인 위스키, 몰트 위스키를 혼합한 블렌디드 위스키가 있다.

증류주인 브랜디는 와인이나 사과주를 증류해 숙성시킨 술로 포도 브랜디

▲ 술의 강도는 술 속에 포함되어 있는 에틸알코올의 양에 따라 결정되는 도수로 표시한다.

인 꼬냑과 아르마냑, 사과 브랜디인 칼바도스가 있다. 가장 비싼 꼬냑은 '헨리 4세 두도뇽 에리타주 코냑 그랑드 상파뉴'로 1776년 설립된 메종 두도뇽에서 딱 1병 생산됐다. 이 술은 4kg의 백금과 24k 금, 그리고 6500개의 다이아몬드로 장식된 병에 100년 이상 숙성된 원액 1리터가 담겨 있다. 가격은 200만 달러로 우리나라 돈으로 20억4000만 원이다.

진Gin은 주정에 주니퍼 베리, 코리안더, 계피 등의 향료 식물을 침출시켜 증류하거나 주정에 향료 식물의 엑기스를 첨가한 술이다. 럼Rum은 사탕수수의 당밀을 발효시킨 것이다. 보드카Vodka는 옥수수, 감자 등의 전분질을 발효·증류해 만든 것을 활성탄으로 여과한 무색, 무미, 무취의 술이다.

테킬라Tequila는 용설란의 일종인 아가브잎과 사탕수수를 섞어 발효·증류시킨 강한 술이다. 가장 비싼 '데킬라 레이 925'는 100년 이상 숙성시킨 원액 1리터로 한정판 33병만 존재한다. 6400개의 다이아몬드로 장식한 럭셔리한 병에 담겨 우리나라 돈으로 무려 35억7500만 원에 거래됐다.

백주는 수수, 조, 쌀 등의 곡물을 발효·증류시켜 도자기에 저장해 숙성시킨 중국의 전통 증류주다. 소주는 주정을 희석하고 조미료를 첨가한 한국과 일본의 대표적인 증류주다. 혼성주는 양조주와 증류주를 혼합하거나 증류주에 향료 식물이나 과즙 등을 섞은 술로서 와인과 브랜디를 섞어 알코올 도수를 높인 셰리Sherry, 베르무트Vermouth, 포트 와인Port Wine 등과 양조주나 증류주에 다양한 음료나 과일을 섞은 칵테일이 있다.

알코올은 우리 몸에 직접적인 해를 끼치지 않는다

알코올은 위胃에서 20%, 소장小腸에서 80%가 체내로 흡수된다. 흡수되는 속도는 술의 종류에 따라 다르다. 일반적으로 알코올 농도가 높을수록 빠르게 흡수된다. 특히 공복에 마시면 더 빠르게 흡수되며, 위와 장에서 흡수된 알코올은 혈액을 따라 몸 전체로 퍼지고 간장을 통과하면서 분해된다.

알코올은 간에서 아세트알데히드Acetaldehyde, CH_3CHO로 바뀌고 아세트알데히드는 아세트산Acetic acid, CH_3COOH으로 분해돼 간 밖으로 배출되며 체내를 돌다가 다시 물H_2O과 이산화탄소CO_2로 분해된다. 아세트알데히드는 독성이 매우 강한 물질로, 간은 알데히드탈수소효소ALDH : Aldehyde Dehydrogenase를 만들어 아세트알데히드를 분해한다.

  알코올은 우리 몸에 직접적인 해를 끼치지는 않는다. 알코올 분해과정에서 발생하는 아세트알데히드가 우리 몸에 해로운 것이다. 분해되지 못한 아세트알데히드는 혈관을 확장시키며 혈관을 통해 온몸으로 퍼져 나간다. 얼굴이 붉어지는 것도 이 때문이다. 미주신경, 교감신경 내의 구심성 섬유를 자극해 구토, 어지럼증, 동공확대, 심장박동이 빨라지고 호흡이 가빠지며 무기력해지고 숙취를 유발하게 된다.

주량을 결정하는 ALDH 효소

  사람마다 ALDH의 활성화 정도가 다른데 활성도가 높아 아세트알데히드가 체내에 거의 축적되지 않는 사람이 있는 반면 마시는 족족 축적되는 사람도 있다. 술을 잘 마시고 못 마시고는 ALDH 효소의 차이로 발생한다. 이것은 유전이다. 의학적으로 멘델의 법칙에 따른다고 한다. 부모 두 사람이 모두 술을 못 마시면 2세가 술 못 먹을 확률이 3/4 이상 된다. 한 번 정해진 주량은 바꿀 수 없다.

  술에 약한 사람이 체질적으로 강해지는 경우는 없다. 일부 사람들이 종종 강해졌다고 느끼는 것은 술을 자주 마시는 훈련으로 감각이 무뎌졌을 뿐이다. 물론 술을 자주 먹다 보면 우리 몸에서 ALDH 수치가 약간은 증가할 수 있다. 그렇지만 약 1주일만 금주하면 원상태로 돌아온다. 결론적으로 주량은 바뀌지 않는다.

  인종별로 ALDH 활성화 정도에 따라 알코올에 강한 활성형은 흑인과 백인에서 100%로 나타나고 한국인은 56% 정도이다. 알코올에 약하거나 약간

마실 수 있는 활성형의 1/16 정도의 활성도를 가지는 저활성형은 한국인의 40% 정도가 된다. 알코올에 너무 약해 술을 마시면 안 되는 불활성형은 4% 정도다. 아시아 인구의 50%가 가지고 있는 아시아 홍조 Asia Flush는 알코올이 몸에서 분해되지 못해 얼굴이 붉어지는 현상으로 흑인과 백인에게는 없고 유독 아시아인에게만 아세트알데히드 분해효소가 없거나 부족해서 생기는 현상이다.

주관적인 술의 질

우리나라는 적극적으로 술을 권하는 문화가 있다. ALDH가 활성화 되지 않은 사람에게 술을 권하는 것은 상대방을 곤혹스럽게 할 뿐 아니라 죽음에 이르게 할 수도 있다. 술은 안주와 함께 즐겁게 마셔야 하고 대화를 하면서 분위기를 즐겨야 한다. 술자리에서는 상대방의 주량을 고려해 적당히 권해야 하며 상대방의 기분을 생각해 말조심하는 예의를 지켜야 좋은 술자리를 만들 수가 있다. 혀와 기분을 매료시키는 최고의 술은 좋은 분위기에서 좋은 사람과 마시는 술이다.

술의 질은 사람이 느끼는 순서대로 향과 맛 그리고 뒤끝으로 평가한다. 향과 맛을 표현하는 방법은 매우 다양하다. 같은 술을 마시고도 사람마다 다른 표현을 쓴다. 객관적인 기준이 없기 때문이다.

일반적으로 향기나 맛과 관련지어 표현하는 경우가 많다. 향기와 관련지어서는 향기로운 Fragrant 과일향·꽃향기, 톡 쏘는 Pungent 자극적이고 휘발성이 큰 날카로운 향, 기름냄새 Oily, 곰팡이냄새 Mouldy, 나무냄새 Woody, 커민, 카다몬, 자두와 초콜릿 풍미로 표현한다. 맛에 관해서는 단맛 Sweet, 단맛이 없을 때 Dry,

신맛Acidic·Sour, 쓴맛Bitter으로 쓰고, 입안의 느낌으로 부드러운Smooth, 거친Harsh 으로 표현한다.

　예나 지금이나 사람들은 어느 정도 자신의 속마음을 감추고 살아간다. 그리스인들은 사람이 술을 마시면 자신의 마음속에 있는 진실을 밝힌다고 믿었다. 이른바 술 속에 진리가 있다는 라틴어 '인 비노 베리타스In vino venitas' 효과다. 다시 말해 취중진정발醉中眞情發의 효시인 셈이다.

\ 눈과 입의 즐거움 일본 요리의 정수 /

스시
Sushi · すし

스시 Sushi·すし는 대표적인 일본음식이다. '요리를 하지 않는 것이야 말로 요리의 이상'이라는 역설적인 일본 요리의 세계처럼 스시는 재료마다 고유한 맛과 생선의 싱싱함으로 세계적 건강음식으로 각광을 받고 있다.

스시는 먹는 즐거움과 보는 즐거움이 매력이다. 초밥의 전체적인 질감과 생선살이 혀끝에 닿는 감촉, 씹는 맛, 목으로 부드럽게 넘어가는 맛, 향기와 뒷맛 등이 어우러져 맛을 낸다.

스시에는 여러 종류가 있는데 쌀밥에 식초를 뿌려 새콤하게 조미한 다음 김으로 싼 노리마키海苔卷, 생선이나 기타 해물을 꼭꼭 뭉친 밥에 얹은 니기리스시握り寿司, 두부 조각을 기름에 튀겨서 만든 유부를 조미해 주머니처럼 벌리고 그 속에 맛이 나게 조미한 밥을 뭉쳐 넣은 이나리스시いなりずし, 갖가지 재료로 멋을 부린 캘리포니아스시 등이 있다.

지라시스시ちらしずし는 우리의 회덮밥과 같은 종류이다. 지라시라는 뜻은 '흩

뿌리는 것'이란 뜻이 있어 '흩뿌림 초밥'이라고 한다. 이 스시는 그릇에 잘게 썬 생선, 달걀부침, 오이, 양념한 채소를 초밥과 섞고 위에 달걀지단, 초생강 등을 고명으로 얹은 초밥을 말한다.

단단하되 부드럽고 풀어지되 흐트러지지 않는 맛

우리가 알고 있는 생선초밥은 니기리스시다. 니기리스시에서 니기리는 '손으로 쥐어 만든다'는 뜻으로 밥을 되직하게 지어 식초, 설탕, 소금을 섞어 새콤하게 조미해 생선을 얹어 만든다. 도쿠가와 이에야스가 막부를 개설한 1603년부터 15대 쇼군 요시노부가 정권을 조정에 반환한 1867년까지 에도시대에는 스시, 장어구이, 덴뿌라의 3대 식문화가 꽃을 피웠다.

이때만 해도 재료가 한정되어 날 생선은 사용하지 못하고 달걀이나 구운 전복, 간장에 절인 참치나 초절임 고등어·전어, 데친 새우나 오징어를 주로 사용하거나 도미를 얇게 포 떠서 밥 위에 얹는 정도였다. 살아있는 생선을 바로 잡아 밥 위에 올려서 먹는 지금 형태의 스시는 200년 전부터로 생선의 신선도 때문에 주로 바닷가에서만 먹었다고 한다. 오늘날의 스시 형태로 발달한 것은 지금으로부터 불과 50여 년 전으로 냉동시설, 운송수단의 발달과 함께 시작됐다.

스시すし에서 'す'는 일본어로 '초', 다시 말해 '시다'란 뜻이고, 'し'는 '생선을 저장한다'는 뜻이다. 밥에 부재료인 생선 등과 고추냉이가 전부인 스시는 가장 단순한 듯하지만 요리사의 섬세한 손맛과 노하우, 부재료에 따라 맛이 천양지차다. 스시는 겉은 단단하지만 속은 너무 부드럽지 않아서 꼬챙이로 초밥을 세로로 관통시킨 다음 살짝 들어 올릴 수 있을 정도가 돼야 한다. 또 입안에서

▲ 조미한 밥에 부재료인 생선 등과 고추냉이가 전부인 스시는 가장 단순한 듯하지만 요리사의 섬세한 손맛과 노하우, 부재료에 따라 맛은 천양지차다.

확 풀어지는 듯하지만 생선살과 고루 섞여 흐트러지지 않는 맛이어야 한다.

 일본에서는 스시 요리사가 되려면 밥 짓기 3년, 초밥 쥐기 8년으로 10년 이상의 수행기간이 필요하다고 한다. 특히 초밥은 여자 요리사를 인정하지 않는 분위기다. 여성이 남성보다 평균 체온이 높아 손의 온도 때문에 섬세한 맛의 변화가 생길 수 있고, 체력이 부족하다고 생각하기 때문이다. 특히 여성은 달마다 호르몬에 의한 신체 상태의 변화로 미묘한 맛의 차이를 감지하기 어렵다는 추측도 있다.

7세기 경부터 먹기 시작해 일본에서 가장 오랜 전통을 가진 것으로 알려진 붕어초밥 후나스시鮒寿し는 알이 가득 밴 산란기의 암컷 붕어를 잡아 입 쪽으로 내장을 끄집어내고 소금을 넣어 한 달 정도 절인 다음, 소금을 씻어내고 며칠간 말려 밥과 술찌꺼기를 내장 부위에 채워 1년 이상 숙성시켜 만든다. 먹을 때는 쌀은 먹지 않고 생선만 먹었다고 한다. 가자미나 명태를 밥과 무, 생강, 고춧가루 등의 양념을 넣어 삭혀 만든 우리의 식해와 만드는 방법이 흡사해 초밥이 우리나라 식해에서 유래됐다는 견해도 있다.

16세기부터는 도시락 같은 틀에 밥과 생선살을 담아 짧게는 며칠, 길게는 몇 달씩 숙성시켜 먹었다. 18세기 중반에는 에도성 앞의 포장마차에서 식초로 간한 밥에 생선살을 올려 팔기 시작했고 이때부터 밥과 생선을 한꺼번에 먹었다. 옛날의 에도만이자 현재의 도쿄만에서 잡힌 생선만을 사용했기 때문에 '에도마에즈 스시'라고 불렸다. 당시만 해도 간편하고 신속하게 먹을 수 있어 주머니 사정이 넉넉지 않은 노동자들이 식사로 즐겨 먹었다. 요즘이야 초밥의 밥량이 점차 적어지는 추세지만 당시에는 초밥 크기가 지금보다 2~2.5배 정도로 커서 두세 입으로 나누어 먹었다고 한다.

간토 대지진으로 전국으로 퍼져나간 스시

스시가 일본의 대표음식이 된 것은 간토 대지진으로 당시 도쿄에 몰려 있던 요리사들이 전국으로 흩어지기 시작하면서부터다. 제2차 세계대전이 종전되고 진주만 연합군 사령부가 일본의 식량공급을 통제하기 위해 식당의 정상 영업을 금지하고, 손님에게 쌀 1홉과 초밥 10개의 물물교환만을 허용하면서 본격적으로 대중화되기 시작했다.

초밥은 생선살이 마르면 맛이 떨어지기 때문에 계절에 따라 다르지만 초밥을 만든 후 2~3분 안에 먹어야 맛있다. 그래서 마니아들은 테이블보나는 요리사의 향연을 직접 보면서 먹을 수 있는 카운터 좌석을 선호한다. 엄지손가락과 가운데 손가락으로 가볍게 쥐고 집게손가락을 살포시 얹어 무라사키むらさき, 쇼유しょうゆ로 불리는 간장을 생선에만 살짝 묻힌다. 밥에 간장을 묻힐 경우 밥알이 떨어지거나 간장이 너무 많이 묻을 수 있다. 생선 자체의 맛을 느끼고 색다른 맛을 느끼려면 소금에 찍어 먹는 방법도 있다.

처음에는 맛이 담백한 흰 생선을 먼저 먹고 참치뱃살차ャ마이나 성게알うに 등 맛이 짙은 것은 뒤에 먹는 것이 좋다. 마지막으로 마끼스시나 알로 산뜻하게 끝내는 게 좋다. 초밥의 종류가 바뀔 때마다 초생강がり 한두 점을 씹거나 녹차로 입안을 헹궈 입에 남은 잔미를 씻어내야 다른 초밥의 맛을 잘 느낄 수 있다. 생선을 혀에 먼저 닿게 해 입안에 넣은 후 씹으면 회의 촉촉한 식감과 밥알의 부드러운 조화로 복합적인 맛을 즐길 수 있다.

\ 발효음식과 전통음료 사이 /

식해와 식혜
食醢, 食醯

　식해는 곡식의 식食과 어육으로 담근 젓갈의 해醢를 합쳐 표기한 것으로 가자미나 갈치, 생태 등의 저장성을 높이기 위해 무채, 좁쌀로 지은 밥 등을 넣어 고춧가루로 양념해 적당히 숙성시켜 먹는 음식이다. 반면 식혜食醯는 쌀이나 찹쌀로 밥을 지어 엿기름을 넣어 삭혀 만든 전통음료다. 이와 같이 식해와 식혜는 발음은 비슷하지만 전혀 다른 음식이다. 옛 문헌에도 생선과 곡물에 소금을 넣어 만든 것을 식해라 하고, 곡물에 엿기름으로 감주를 만들고 여기에 생강이나 유자를 섞어 산미를 더한 것을 식혜라고 했다.

　식해는 우리나라 동해 연안에서 흔히 볼 수 있는 발효음식이다. 겨울철이 되면 집집마다 김장을 장만하고 한 가지 더 담는 음식이 바로 식해다. 적당한 숙성기간을 거치면서 독특한 맛과 향을 지니게 되고 생선의 새콤매콤하면서 쫀득쫀득 씹히는 맛과 좁쌀의 부드러운 맛, 무채의 오도독 씹히는 맛이 별미다. 특히 뼈째 삭힌 가자미식해를 제일로 치는데, 꼬리 쪽에 가느다란 노란 줄이 있는 참가자미가 가장 맛있다. 발효음식인 까닭에 소화가 잘 되며 영양가 또한 으뜸이다. 북한에서는 고급음식으로 분류돼 웬만한 사람은 먹기 힘든 귀한 음식이라고 한다.

식해의 재료로는 강원도에선 북어, 함경도에선 가자미, 황해도에선 도루묵, 강원도 속초 등지에서는 오징어, 영덕에선 횟대(홍치)를 주로 쓴다. 생선을 어느 정도 꾸둑꾸둑하게 말린 다음 큼직하게 토막을 내고 소금에 절여 놓은 무채에 고춧가루를 버무려 붉은 물이 들면 좁쌀로 만든 밥과 파, 마늘, 생강, 소금을 넣어 고루 섞으면서 엿기름가루를 넣어 다시 버무려 항아리에 담는다. 꼭꼭 눌러서 3~4일간 따뜻한 곳에 두어 삭힌다.

생선에 최소한의 소금과 쌀밥을 섞어 숙성시키면 쌀의 전분이 분해되어 유산이 생성된다. 이 유산이 생선의 부패를 억제하고 독특한 풍미를 만든다. 식해에 넣는 곡류는 쌀밥, 찰밥, 메조밥, 차조밥 등이다. 밥은 질지 않게 지어 말려서 수분의 양을 조절한다. 다른 지방에서는 쌀이나 찹쌀로 밥을 해 섞는 반면 함경도 지방에서는 식해에 조밥을 사용한다.

갈치식해와 마른고기식해

부산, 기장, 김해는 갈치식해가 유명하다. 경상도 마른고기식해는 진주를 중심으로 합천, 산청, 함안, 의령, 창녕 등지의 반가음식에 자주 등장한다. 황해도의 대합살을 주재료로 하는 연안식해, 진주의 명태(북어)와 조기식해도 특별한 맛이다. 북어식해는 북어에 엿기름과 곡물을 넣어 삭혀 고춧가루와 갖은 양념으로 조미해 붉고 맵게 만든 저장음식이다. 경남 창녕에서는 예로부터 악귀를 쫓는다고 생각해 이사할 때 빠지지 않고 먹는 향토음식이다.

식해는 중국 북송 때의 시인 소동파의 목숨을 구한 음식으로 알려져 있다. 소동파蘇東坡가 필화사건으로 옥살이를 하던 중 면회를 온 아들에게 자신의 목숨이 위태로워지면 식해를 들여보내 이를 알려달라고 당부를 했다. 그런데 소동파의 아들이 옥바라지할 돈을 구하기 위해 나간 사이에 일이 벌어지고 만다. 아무것도 알지 못한 친척이 대신 옥바라지를 하다가 그만 소동파의 옥에 식해를 넣고 만 것이다. 소동파는 식해를 아들이 보내는 죽음의 신호라고 착각하고 비통한 마음을 담아 시를 한 편 지은 뒤 왕에게 바친다. 왕은 소동파의 시에 감동해 그를 죽이지 않고 좌천시켰다. 잘못 전달된 식해 한 단지가 소동파의 목숨을 구한 것이다.

식해는 동남아시아에서 시작된 것으로 추측된다. 태국, 미얀마, 라오스의 강에서는 생선이 많이 잡히지만 바다와 멀어 소금이 귀했기 때문에 생선을 염장 보관할 수도 없었고 우기가 길어 말릴 수도 없었다. 때문에 소금을 조금 넣고 비교적 흔했던 쌀을 넣어 숙성시키는 형태의 생선 보관법이 발달했다는 이야기다. 동남아에서 시작된 것으로 추측되는 식해는 2세기 초엽의 중국문헌에 처음 등장한다.

우리나라의 문헌에 처음 등장하는 것은 조선 중엽부터이다. 1660년대 쓰여진 《주방문酒方文》과 1680년경의 《요록要錄》에 기록이 있고 1700년대 발간된 《역주방문歷酒方文》에는 식해에 쓰인 재료 중 생선 대신 소의 내장이나 멧돼지 껍질을 쓰고 후추를 섞은 것도 식해라고 명명하고 있다. 같은 시기에 발간된 《음식보飮食譜》에도 식해가 등장한다.

감주 혹은 단술이라 불리는 겨울철 음료

식혜는 우리민족 고유의 음료로 특히 겨울철에 즐겨 먹었다. 곡물에 엿기름

◀ 식해는 강원도에선 북어, 함경도에선 가자미, 황해도에선 도루묵, 강원도 속초 등지에서는 오징어, 영덕에선 횟대(홍치)를 주로 쓴다.

◀ 식혜는 우리민족 고유의 음료로 특히 겨울철에 즐겨 먹는다.

을 넣어 물의 양을 많이 해 마시는 음청류로 고슬고슬하게 지은 밥에 엿기름을 넣어 60~70℃의 온도를 4~5시간 정도 유지하며 밥을 삭힌다. 이때 온도가 너무 낮으면 밥이 쉬고 너무 높으면 당화가 잘 안 된다. 약 4시간 후에 삭힌 밥알을 건져 찬물에 담궜다가 식혜에 넣어 밥알을 동동 떠오르게 하는 것이 경기도식이고, 밥알을 건져내지 않고 계속 끓여 많은 양의 밥알이 그릇 바닥에 가라앉아 숟가락으로 떠먹어야 하는 것이 경상도 식혜다. 감주 혹은 경상도 지역에서는 단술이라고도 부른다. 단술의 '술'이라는 뜻은 알코올을 의미하는 것이 아니라 발효시킨 음료라는 의미에서 술이라고 했다.

이에 반해 안동식혜는 찹쌀을 깨끗이 씻어 불려서 고두밥을 지은 다음 엿기름으로 우려낸 물에 곱게 빻은 고춧가루를 풀고, 채 썬 무와 생강으로 맛을 낸 식해형 식혜다.

안동식혜는 몇 가지 다른 이름으로 불리고 있다. 무가 들어가기 때문에 무식혜라고도 하고, 찹쌀이나 멥쌀 대신 조, 수수 등의 잡곡을 사용한다고 해서 막식혜, 허드레식혜라고도 한다. 안동지역은 음식의 간이 강하고 톡 쏘고 맵고 짠 것이 특징이다. 이는 지형적으로 농사를 지을 수 있는 평지가 적고 산지로 둘러싸여 있어 기온의 편차가 뚜렷하기 때문이다. 안동식혜는 매콤달콤하고 국물이 빡빡하면서 톡쏘는 듯한 맛과 시큼한 맛도 있어 다른 식혜의 단조로운 맛에 비해 먹고 나면 입안에 단맛이 남는 독특한 음식이다.

요즘에는 식혜가 진화해 바나나맛식혜, 단호박식혜, 자색고구마식혜, 오미자식혜, 현미식혜 등 다양한 식혜가 만들어지고 있다. 명절날 푸짐하게 차려진 음식으로 과식하고 속이 더부룩할 때 답답한 속을 푸는 소화제로 식혜만한 게 없다. 식혜의 주요성분인 포도당과 아미노산은 체력 회복에도 좋아 자연치유력을 높일 수 있다.

\ 중국음식인 듯 중국음식 아닌 그 요리 /

짜장면 그리고 짬뽕
Jjajangmyeon&Jjamppong

 이사할 때나 출출할 때, 졸업·입학식 때 어김없이 찾는 음식이 짜장면과 짬뽕이다. 그만큼 우리에게는 대중적이고 친숙한 음식이다. 짜장면은 한국, 짬뽕은 일본의 발명품이다.
 짜장면은 중국 산동지방에서 유래된 음식이다. 중국의 작장면炸醬麵은 자장미엔Zhajiangmian이라 부른다. 볶은 중국식 된장인 황두장黃豆醬과 걸쭉한 단맛이 나는 감면장甛面醬을 해산물로 만든 기름에 볶아 국수에 올려 먹는다. 우리나라의 짜장면과 비슷한 맛이지만 달콤한 맛이 아니고 짠맛이다. 빡빡한 장에 육수를 부어 먹기도 한다.
 우리나라에서 짜장면이 시작된 것은 1883년 인천이 개항되고 중국인들이 대거 몰리게 되면서 부두 노동자들을 대상으로 음식을 파는 식당들이 생겨나면서부터다. 밀가루와 콩, 보리, 쌀 등을 소금으로 발효시킨 후에 캐러멜 색소를 넣어 만든 춘장으로 짜장면을 만들기 시작했다. 한국전쟁 전까지는 산둥

출신의 화교들이 중국집을 많이 운영했지만 1948년 사자표 춘장이 출시되고 분식장려정책이 시행되면서 한국인의 입맛에 맞게 변화됐다.

일본의 대표음식 반열에 오른 짬뽕

짬뽕을 처음 선보인 것은 메이지시대(1868~1910) 중기 일본 큐슈의 항구도시 나가사키長崎에 살던 중국 푸젠성福建省 출신의 화교 '친헤이쥰陣平順'이다. 그는 나가사키의 가난한 중국 유학생들을 위해 복건요리인 탕육사면湯肉絲麵·탕러우쓰멘을 응용해 채소와 나가사키 인근 해안에서 잡은 해산물·어패류, 돼지고기를 넣고 푹 삶은 국물에 중화면을 넣고 끓인 요리를 만들었는데, 이 요리가 짬뽕의 원조이다.

우리나라의 짬뽕은 중국어 '차폰('츠판'의 중국 푸젠성 사투리 발음)'이 일본을 거치면서 '잔폰'이 됐다가 다시 한번 변형된 발음이다. 가난한 시대에는 가장 큰 관심사가 먹는 것이고, 안부 인사 역시 '밥 먹었니?'였다. 푸젠성 사람들의 '밥 먹었니?'라는 인사말인 '차폰'이 일본인들의 귀에는 잔폰으로 들렸고, 우리나라로 들어오면서 '짬뽕'이 됐다는 것이다.

우리나라 짜장면이 중국에서 찾기 힘들듯이 짬뽕 역시 일본에서는 볼 수 없는 음식이다. 일본의 짬뽕은 닭고기의 살코기와 날개 부위 그리고 돼지뼈와 닭뼈로 육수를 진하게 우려내고 돼지고기 얇게 썬 것, 새우, 양배추, 당근, 가마보코(우리나라 어묵), 많은 양의 숙주나물, 양상추 등을 센 불에 볶은 후 면을 넣고 육수를 부어 끓여 낸다. 국물이 진하고 뽀얀 두유 빛깔이다. 독특한 향과 시원한 맛이 담백하며 우리나라에서는 '초마면'이라는 이름으로 중국집에서 판매하기도 했다. 그러다 시기가 정확하지 않은 언젠가부터 고춧가루로

맛을 낸 시뻘겋고 얼큰한 맛의 짬뽕으로 바뀌게 됐다. 매운 맛을 즐기는 한국인의 입맛에 맞춘 것이다.

　일본 나가사키를 비롯한 큐슈 지방에서는 짬뽕이 향토음식으로 인기가 높다. 일본에서 짬뽕은 '나가사키 짬뽕'으로 통한다. 지금은 일본을 대표하는 음식의 반열에 올라 있다. 나가사키의 오우라 성당大浦天主堂 인근에 있는 짬뽕의 창시자 '친헤이준'의 증손자가 운영하는 시카이로四海楼는 짬뽕박물관을 갖춘 짬뽕전문식당으로 나가사키를 찾는 관광객들이 꼭 한 번은 들리는 유명한 관광명소이다.

　짬뽕은 어떤 재료가 반드시 들어가야 된다는 원칙은 없다. 그때그때 제철 재료로 조금씩 달리하는 사계절 음식이다. 해물도 마찬가지다. 서로 다른 종류의 해물과 채소가 많이 섞일수록 맛있는, 그야말로 '짬뽕'이다.

\ 세상에서 가장 비싼 부활절 달걀 /

파베르제의 달걀
Faberge eggs

파베르제의 달걀Faberge eggs은 세상에서 가장 비싼 달걀이다. 2014년 자선 경매에서 무려 3000만 달러의 거액에 팔렸다. 1885년 러시아의 황제 알렉산더 3세는 러시아의 보석세공 명장 파베르제에게 보석으로 장식한 부활절 달걀을 주문했고, 이것을 황후 마리아 페오도르브나에게 선물했다. 뜻밖의 선물을 받은 황후는 감동했고, 이를 계기로 황제는 황후를 위해 매년 파브르제에게 부활절 달걀를 주문한다. 알렉산더 3세의 사후에도 그 아들 니콜라스 2세가 황실의 전통으로 엄마와 부인에게 파베르제의 달걀을 선물한다. 1917년 러시아 혁명으로 전통이 중단될 때까지 32년 동안 50개의 이스터 에그 Easter egg가 만들어졌다. 그 중 8개는 러시아 혁명 때 행방불명됐고, 남은 42개만이 오늘날까지 전해지고 있다.

달걀은 요리의 공용어라 할 만큼 다양한 조리법으로 세계인의 식탁을 채우고 있다. 고대부터 지금까지 여러 나라, 여러 민족이 여전히 즐겨먹는 식재료다.

흰자 부위가 소나무에 눈꽃이 핀 것과 같다고 해 이름 붙여진 '송화단松花蛋' 혹은 '피단'은 흙과 재, 소금 그리고 석회를 쌀겨와 함께 섞은 것에 두 달 이상 담가 삭힌 중국의 달걀 요리다. 필리핀의 보양음식인 '발룻'은 처음 접하는 사람에게는 다소 혐오스러울 수 있다. 부화 직전의 달걀을 삶은 음식으로 껍질을 깨면 새끼의 날개나 부리를 볼 수 있다. 일본의 자완무시茶碗蒸し는 자완은 찻잔을, 무시는 찐다는 의미로 달걀찜을 말한다. 달걀말이인 다마고야키卵焼き도 일본인의 밥상에 빠지지 않는 음식 중 하나다.

프랑스의 일 플로땅뜨lle flottante는 달걀 노른자로 크렘 앙글레이즈, 흰자로 머랭을 만든 뒤 크렘 앙글레이즈 위에 머랭을 띄우고 캐러멜로 장식하고 아몬드 썬 것을 올려 마무리한 디저트다.

달걀은 세계 요리의 공용어

영국의 스카치 에그Scotch egg는 반숙으로 익힌 달걀을 돼지고기로 감싸서 튀김옷을 입혀 튀긴 것으로 주로 장거리 여행자가 보관하기 쉽도록 만들어 피크닉 푸드로 많이 먹는다. 고대 로마에서 시작되어 주로 여름에 미국 중서부와 남부 지방에서 전채 요리로 많이 먹는 데빌드 에그Deviled egg는 완숙으로 삶은 달걀을 세로로 반을 자르고 노른자를 빼어내 마요네즈와 머스터드 양념으로 여러 재료들을 섞어 속을 만들어 흰자 안에 채워 넣는다. 치즈를 소스로 올리기도 한다.

미국에서 과일 주스로 시작해 커피, 빵과 함께 햄, 소시지, 감자 등과 곁들여 먹는 달걀요리는 조식이나 브런치 뷔페 때 주문 방법에 따라 익힘이 달라지면서 맛 역시 달라진다.

◀ 세상에서 가장 비싼 달걀로 불리는 파베르제의 부활절 달걀

◀ 영국의 스카치 에그Scotch egg는 반숙으로 익힌 달걀을 돼지고기로 감싸서 튀김옷을 입혀 튀긴 것이다

◀ 흰자 부위가 소나무에 눈꽃이 핀 것과 같다고 불리는 송화단松花蛋

익히는 방법이나 정도에 따라 다양한 달걀요리가 된다. 달걀의 밑면만 익힌 써니 사이드 업Sunny-side up은 프라이팬에 흰자만 익혀 노른자를 마치 태양이 떠오르는 것처럼 만든 것이다. 달걀의 윗면과 아랫면을 한번 뒤집어서 익혀 흰자만 익고 노른자는 깨지지 않은 상태에서 노른자가 채 익지 않은 것을 오버 이지Over easy, 노른자가 반 정도 익은 것을 오버 미디움Over medium이라고 부른다. 달걀 노른자를 완전히 익힌 것은 오버 웰던Over well-done 또는 오버 하드Over hard라고 한다.

스크램블 에그Scrambled Eggs는 프라이팬에 버터를 두르고 달걀에 한 스푼 정도의 우유 또는 생크림을 넣고 휘저은 다음 앤초비, 치즈, 감자, 버섯, 새우 등을 추가해 볶는 요리다. 소량의 소금과 식초를 넣어 통째로 삶은 완숙을 하드 보일드 에그Hard boiled egg라고 하고, 흰자는 익고 노른자는 반 정도 익은 반숙을 소프트 보일드 에그Soft boiled egg라고 한다.

달걀을 끓는 물에 데쳐내 '수란'이란 이름으로 익숙한 포치드 에그Poached egg는 아침 식사 때 즐겨 먹는다. 잉글리시 머핀 위에 수란과 홀랜다이즈 소스를 얹은 에그 베네딕트Egg benedict는 미국의 대표적인 샌드위치다. 에그 플로렌틴Eggs florentine은 이탈리아 플로렌스 방식이란 뜻의 프랑스어로 시금치 위에 수란을 올리고 모네소스Mornay sauce를 얹어 오븐에 구운 요리다.

쉬레드 에그Shirred egg는 작은 접시에 달걀을 담아 베이컨, 우유, 버터, 소금, 후추, 파슬리 정도를 뿌리고 오븐에 익혀 먹는 것이다. 오믈렛Omelette은 달걀말이처럼 달걀과 치즈를 넣어 돌돌 말거나 볶음밥을 덮기도 한다. 달걀만 말은 것을 플레인 오믈렛이라 하고 햄, 치즈, 베이컨, 버섯, 양파 등 속을 채우는 재료에 따라 이름을 달리할 수 있다.

거의 완벽하게 소화·흡수되는 달걀

달걀은 닭으로부터 생산되기 때문에 동물성 식품인 육류로 구분된다. 영양소로는 단백질, 지방이 주성분이고 곡류의 주성분인 탄수화물의 함량이 적다. 달걀은 완전 식품이다. 병아리가 태어나는데 필요한 영양 성분이 모두 들어 있을 뿐 아니라 병아리의 뇌, 신경이나 전신의 세포를 구성하는 데 필요한 지질류와 단백질이 충분히 함유되어 있다. 달걀은 거의 완벽하게 소화·흡수된다. 달걀 전체의 소화율은 약 95%이다.

닭이 일생 동안 낳을 수 있는 달걀은 1000~3000개 정도라고 한다. 닭이 나이가 들수록 달걀의 크기도 점점 커진다. 실제로 달걀을 막 낳기 시작한 영계는 신진대사가 왕성하기 때문에 달걀의 크기는 작아도 노계가 낳은 달걀보다 영양 성분이 더 풍부하다.

\ 진정한 나폴리 피자를 전세계에 선포하다 /

●

피자의 규격
Pizza standard

●

　동그랗고 납작한 그리스 빵 '피타'에서 유래한 피자는 파스타와 더불어 이탈리아를 대표하는 음식이다. 피자가 세계적으로 알려지게 된 것은 대제국을 건설했던 로마인들에 의해서다. 실제로 이탈리아에서도 제법 유명하다는 피자집들은 이탈리아 남부 지역인 로마와 나폴리 등에 주로 모여 있다.

　미국에서 피자집이 생긴 것은 1905년 이탈리아에서 이민 온 사람에 의해서이고, 지금 같이 대중화되기 시작한 것은 제2차 세계대전에서 피자 맛을 본 미국 병사들이 전쟁 후 입소문을 내면서부터다. 그 후 미국 레스토랑들이 한 끼 식사 분량에 맞게 도우를 두껍게 만들고, 화덕 대신 오븐을 사용하면서 미국식으로 변형시켰다.

　이탈리아에서는 1984년 6월 14일 '진정한 나폴리 피자Verace Pizza napoletana'의 특징을 유지하기위해 나폴리 전통 피자의 규격을 정하고 전세계에 '진정한 나폴리 피자' 인증제를 도입했다.

나폴리피자협회AVPN, Associazione Verace Pizza Napoletana는 오리지널 나폴리 피자를 인증하기 위해 반죽 과정, 발효 과정, 그리고 조리 단계별 규격 실행 여부를 까다롭게 검정한 후 인증마크의 사용 여부를 결정한다. 마크 인증을 받은 레스토랑들을 무작위로 선별해 정해진 규격을 잘 지키고 있는지도 지속적으로 조사한다. 만일 규격을 위반했을 때는 수정을 요구하고, 30일 동안 수정 이행 여부를 확인해 불이행이 지속될 경우 회원 자격을 박탈한다. 당연히 협회에 끼친 손해와 이미지 손상에 대한 배상을 청구하고, 인증 마크와 검증서도 회수한다.

나폴리피자협회 제품 규정

나폴리피자협회는 토핑의 양과 레시피, 도우 위의 토핑, 오븐의 규격 심지어 최종 외관과 맛까지 규격을 정해 놓고 있다. 양념, 재료들에 대해서는 이탈리아 나폴리 구시가지의 중심 지역으로 세계적인 피체리아가 몰려 있는 캄파니아Campania 주에서 나오는 제품을 사용해야 한다고 규정하고 있다. 다만 토마토, 올리브오일, 오레가노, 마늘을 넣어 만든 마리나라Marinara와 토마토, 올리브오일, 모차렐라치즈, 치즈 간 것과 바질로 만든 마르게리타Margherita 두 가지에 한정한다.

'진정한 나폴리 피자'는 지름이 35cm를 넘어서는 안되며, 내부 두께는 0.4cm이고 허용오차는 ±10%이다. 올리브오일과 정해진 양념재료들이 토마토와 완벽하게 혼합되어 붉은색을 띠고 그 위에 오레가노의 녹색과 마늘의 흰색, 모차렐라의 흰색조각이 더해져야 한다. 바질 잎은 익혀서 어두운 녹색을 띠고, 피자 가장자리는 1~2cm로 부풀려 기포가 없이 황금색을 띠어야 한다.

▲ 나폴리피자협회는 토핑의 양과 레시피, 도우 위의 토핑, 오븐의 규격 심지어 최종 외관과 맛까지 규격으로 정해 놓고 있다.

피자는 부드럽고 탄력이 있어야 하며 작은 책자처럼 잘 접혀야 한다. 가장자리는 타지 않고 잘 구워진 전형적인 빵맛이 나고 수분이 없는 농도 짙은 토마토의 신맛과 잘 어울려야 한다. 여기에 오레가노 향과 마늘, 바질과 모차렐라 익힌 맛이 조화롭고 풍부해야 한다. 소금은 천일염을 사용해야 하고 효모는 압착된 생효모로 노랑, 회색, 짚색(녹색이 감도는 밝은색)이면서 동시에 생물학적 상품으로 아주 낮은 산도의 무미제품을 써야 한다.

반죽은 물 1리터에 소금 50~55g, 효모 3g, 강도에 따라 다르겠지만 밀가루 1.7~1.8kg 정도를 써야 한다. 반죽했을 때 발효 온도는 섭씨 25℃이고 최종 산도는 5.87pH, 농도는 0.79g/cc(+34)가 돼야 한다. 반죽기에서 꺼낸 반죽은 외관상 퉁퉁하고 매끈해야 한다. 물리적 특성으로는 팽창성이 있고 덜 탄력적이며 성형된 반죽 한 덩어리 무게는 180~250g이 돼야 한다.

굽는 방법, 도우용 납작 삽까지도 규격으로 정해

마리나라피자는 홀 도마도 통조림 70~100g, 버진 또는 엑스트라 버진 올리브오일 4~5g(허용범위 20%), 마늘 한 쪽, 오레가노 0.5g, 적당량의 소금이 들어가야 한다. 마르게리타피자는 통조림 홀 토마토 60~80g, 버진 또는 엑스트라 버진 올리브오일 4~5g(허용범위 20%), 모차렐라(버팔로 또는 STG) 또는 피오르 디 라테Fior di latte 80~100g, 신선한 바질 몇 장, 소금 적당량으로 만들어야 한다. 통조림 홀 토마토 대신 신선한 토마토 자른 것을 사용해도 된다. 가마 화덕은 두 겹의 돔 모양으로 열을 유지할 수 있도록 만들어야 하며 입구는 40~50cm, 최대 높이 22~25cm, 바닥 지름은 120~150cm인 것이 좋다. 이보다 지름이 큰 것은 권장하지 않는다.

화덕에는 6개 피자를 동시에 굽지 않는 게 좋다. 화덕가마용 땔감 나무는 피자 자체의 아로마를 변형시킬 수 있는 연기를 내지 않고 냄새가 나지 않는 오크, 물푸레, 너도밤나무, 단풍나무를 써야 한다. 화덕 안의 온도는 섭씨 430~485℃이고, 60~90초 가량 익히는 것이 좋다.

그밖에 도우의 강도, 탄력성, 흡수성, 안정성 등을 비롯해 반죽기, 공 모양으로 분할된 반죽 보관 상자, 반죽을 떼거나 꺼내는 주걱, 오븐에서 사용하는 납작 삽까지 빠짐없이 규격을 정해두고 있다.

\ 향신료의 절묘한 배합, 탁월한 요리가 되다 /

커리
Curry

강한 향기에 보드라운 듯 싶다가 이내 다양한 향신료가 정체를 드러내고 마지막에 살짝 치고 나오는 매운 맛의 커리Curry는 인도의 대표 음식이다.

소스란 뜻의 남인도 타밀어 카리Kari가 커리의 어원이다. 인도에서는 모든 요리에 다양한 향신료를 사용하는데 커리 역시 인도의 복합 향신료의 한 종류다. 우리나라 요리의 생명이 양념이고 프랑스요리의 생명이 소스라면 인도요리의 생명은 당연히 향신료다. 인도의 향신료는 그 종류만도 100여 종이 넘는데, 일반가정에서도 20~30종류의 향신료를 항상 구비하고 있을 정도로 대중적이다. 인도의 일반 가정에서는 부엌에 맷돌을 두고 요리할 때마다 향신료를 맷돌에 갈아 쓸 정도로 향신료는 인도요리의 맛을 결정하는 데 중요한 요소이다.

커리와 같이 온갖 향신료를 혼합해둔 페이스트를 마살라Masala라고 부른다. 커리는 마살라를 넣은 소스로 만든 모든 요리를 일컫는다. 우리나라에서 오랜 시간 '카레'라고 부르는, 강황을 주재료로 하는 노란색 향신료 가루를 채소와 고기를 볶은 물에 넣어 걸쭉하게 끓인 요리와는 사뭇 다르다.

우리는 카레에 채소와 고기를 섞어 먹지만 인도의 커리는 일반적으로 닭이나 양고기 혹은 채소 중 한 가지만 넣어 만든다. 예를 들어 치킨 커리는 채소 없이 치킨 몇 조각과 걸쭉한 커리소스만 나올 뿐이다. 이것을 반찬으로 해서 밥이나 인도식 빵의 총칭인 로티와 먹는다. 밀가루를 넣은 걸쭉한 카레는 밥에 비벼 먹기 좋고 향신료가 주인공인 커리는 빵을 찍어 먹기에 좋다.

향신료의 혼합인 마살라

걸쭉한 커리는 지역에 따라 요구르트·쌀가루·코코넛밀크·녹두·간 토마토 등 기본 재료와 3~12가지의 각종 향신료를 섞은 마살라를 기본 양념으로 해 만든다. 마살라는 우리나라의 조미료와 같은 개념으로 요리를 할때 그 특유의 맛과 향을 살리는 역할을 한다. 각 가정에서는 고유의 취향과 비법대로 향신료를 배합해 사용한다. 인도의 가구 수만큼이나 마실라의 종류가 다양하다. 대대로 그 집안에서 전해지는 '솜씨'가 아니라 향신료의 배합기술이 바로 엄마의 손맛이 된다.

카레에는 특유의 노란색의 주재료인 강황 또는 울금 뿌리에서 나오는 커큐민을 비롯해 클로브, 후추, 고추, 생강, 겨자, 마늘, 마근, 회향, 정향, 육계, 계핏가루, 칠리페퍼, 너트메그, 코리앤더 등 20여 가지 이상을 기본적으로 혼합한 것을 사용한다.

카레의 주성분인 강황Tumeric Root은 강렬한 맛과 후추 향이 살짝 나는 향신료로 도금郁金, 울금鬱金이라고도 불린다. 강황의 뿌리줄기에서 나오는 특유의

▲ 커리는 마살라를 소스로 해서 만든 모든 요리를 일컫는다. 우리나라 요리의 생명이 양념이고 프랑스요리의 생명이 소스라면 인도요리는 향신료가 생명이다.

노란색 커큐민Curcumin 성분이 치매 예방과 항암 효과가 있다고 알려지면서 카레는 건강식으로 주목받고 있다. 카레를 즐겨 먹는 인도인들은 알츠하이머 환자가 미국인의 4분의 1에 불과하다. 커큐민은 강력한 항산화 물질로 세포의 산화를 방지하고 염증을 감소시켜 암의 발생을 억제한다.

동의보감에는 "다쳐서 어혈瘀血진 것을 삭아지게 한다"고 기록되어 있다. 숙취 해소 및 통증을 억제하는 효과도 탁월하다. 두뇌건강, 우울증, 피로감, 지방대사를 촉진시켜 다이어트 등에도 효과가 있는 것으로 밝혀졌다.

인도에서 영국으로, 그리고 일본으로

옛날 인도에 방문한 포르투갈인이 수프를 얹은 밥을 보고 뭐냐고 질문하자 인도 사람들은 수프 건더기의 내용물을 묻는다고 생각하고 카레(타미르어로 채소고기라는 뜻)라고 답했다. 이를 들은 포루투칼인이 카레가 그 요리 자체라 믿고 그렇게 부르기 시작한 것이 지금의 카레라는 말의 유래라고 한다.

마살라가 카레로 널리 알려지게 된 계기는 영국과 인도를 오가는 선원들에 의해서다. 국밥처럼 여러 명이 나눠먹을 수 있는 스튜에 마살라를 첨가하게 된 것이 나중에 영국 해군의 스튜 조리법으로 발전하게 된다. 군용식품이란 게 최대한 오래 보관할 수 있고 간편하게 대량 조리가 가능해야 하는데, 카레는 이러한 조건에 딱 맞는 최적의 조건을 가지고 있었다.

영국 해군의 마살라를 첨가한 스튜 조리법은 메이지 유신 이후 영국을 모델로 삼은 일본 해군으로 전해졌다. 카레가루는 영국인이 향신료에 익숙지 않은 서양에서 대중적인 입맛에 맞게 쉽고 편하게 믹스해서 먹을 수 있게 가루로 개발했고, 일본이 이것을 지금의 카레 형태로 만든 것이다.

일본에서 카레는 쌀밥만 먹을 때 생기는 각기병을 예방하기 위해 군대 요리법으로 보급됐다. 밀가루를 볶아 루를 만들고 여기에 국물을 조금 더 첨가해 채소와 고기를 넣어 만든 것으로 우리가 그동안 먹어온 카레라이스는 일본에서 발전됐다. 카레는 일본에서 1908년, 1910년에 발간된 《해군조리술 참고서》와 《육군의 군대조리법》을 통해 널리 보급되기 시작했고 현재 일본인들이 가장 즐겨 찾는 음식으로 자리매김했다.

세계 최초의 커리파우더Curry Powder는 영국의 식품회사 'C&B'가 영국 스타일로 여러 향신료를 조합해 개발한 제품이다. 이것이 프랑스로 건너가서는 밀가루와 버터를 볶은 루 형태의 걸쭉한 농도의 조리법으로 변화됐다. 19세기를

▲ 밀가루를 볶아 루를 만들고 여기에 국물을 조금 더 첨가하고 채소와 고기를 넣어 만든 카레를 현재의 카레라이스로 발전시킨 것은 일본이었다.

지나 20세기 초반에는 커리파우더가 일본으로 유입됐다. 영국식 커리파우더는 1923년 야마자키 미네지로에 의해 배합비율, 향신료의 특성에 따른 볶는 시간, 적정 숙성 시간 등을 연구·개량해 일본식 마살라라 할 수 있는 일본식 카레 파우더, 'S&B 카레파우더'로 개발됐다.

일본인 한사람당 월평균 7회 섭취

1950년대 출시된 즉석 카레와 레토르트 카레는 일본에서 카레의 대중화를 넘어 국민음식이 되는 데 결정적인 역할을 한다. 이미 일본에서 카레의 역사는 90년이 넘었다. 인도에 이어 일본이 인도 향신료 소비량 세계 2위라는 사실은 일본인이 얼마나 카레를 사랑하는지 알 수 있는 방증이기도 하다. 일본인 한 사람당 월 평균 7회, 1년 평균 84회 이상 카레를 먹는다.

일본에서는 카레우동부터 카레빵, 카레크로켓, 돈가스카레 등 2008년 기준 1068종류의 다양한 카레 요리가 존재한다. 카레는 크로켓, 돈가스, 라면, 교자 등과 같이 일본 근대화 시대의 구호인 '일본인의 정신을 토대로 서양의 기술을 받아들인다'는 화혼양재和魂洋才의 본질을 제대로 보여주는 음식이다.

매년 1월 22일을 '카레의 날'로 정했을 뿐만 아니라 일본 해군의 주요 주둔지이자 카레의 출발지인 가나가와 현 요코스카橫須賀에는 시의원들이 카레향기가 나는 명함을 쓰고 있을 정도로 일본 카레의 발상지라는 자부심을 갖고 있다.

\ 고기를 꼬챙이에 꿰어 돌려가며 익히는 구이법 /

스핏 로스팅
Spit-roasting

스핏 로스팅Spit-roasting은 고기를 쇠꼬챙이에 꿰거나 철제 틀에 넣어 전면이 개방된 화덕에 굽는 방식이다. 이때 한 부분에 열이 집중되는 것을 방지하기 위해 태엽장치로 지속적으로 돌려가면서 고기를 굽는다. 이렇게 구우면 고기가 육즙을 그대로 머금고 있고 대류형식의 열기로 비교적 골고루 고기를 익힐 수 있다는 장점이 있다.

스핏 로스팅의 단어적 의미는 '지글거리며 구운 요리'를 뜻한다. 로스팅은 음식재료를 오븐이나 바비큐에 넣어 150℃ 이상 고온의 건열을 이용해 수분 없이 가열하는 조리 방법이다. 로스팅 방식으로 조리하되 맛의 깊이를 더해주고 대류열에 의해 간접적으로 음식을 익히기 때문에 겉과 속을 고루 익힐 수가 있는 것이다.

영국인들은 주로 로스팅 방식으로 고기를 굽지만 미국인들은 직화로 굽는 그릴링이나 간접구이로 훈연시켜 스모키한 향이 배도록 하는 바비큐Barbecue

로 고기를 굽는다. 미국인의 10가구 중 8가구는 바비큐 장비를 보유하고 일주일에 2번 이상은 고기를 구울 정도로 바비큐 요리를 좋아한다. 미국의 파티나 집안행사의 중심에는 언제나 바비큐 문화가 자리 잡고 있다.

바비큐, 타이노 인디언들의 요리 방법에서 유래

바비큐의 어원은 미국이라는 나라가 탄생되기 전, 접시dish라는 단어가 생기기도 훨씬 오래 전에 사라진 서인도 제도의 아이티Hait에 살던 타이노Taino 인디언들의 고기요리 방법을 스페인 사람들이 바바코아Barbacoa라고 부르던 것에서 비롯됐다. 바바코아는 타이노 언어로 인디언들이 불 위에 나무를 격자 모양으로 쌓아 모양을 만들고 그 위에 생선과 야생 동물을 굽는다는 것이다. 직역하면 '나무로 만든 틀'이란 뜻이다. 이 말이 스페인어로 쓰이다가 영어 바비큐Barbecue로 자리 잡게 됐다. 18세기 초·중반까지는 '나무틀 위에 고기를 올려 굽는 도구'라는 의미로 쓰이다가 18세기 말부터 그런 도구로 조리한 요리까지 지칭하는 단어로 의미가 확장되어 오늘에 이르렀다.

이제는 미국의 대표 음식의 반열에 오른 바비큐는 지역마다 요리 방식이 다르다. 텍사스 방식은 열과 연기로만 익힌다. 슬로 앤 로Slow&low 방식으로 낮은 온도에서 천천히 고기를 굽는다. 고기 본연의 맛을 최대한 살리기 위해 특별히 다른 양념도 전혀 쓰지 않는다. 굽기 전 드라이 럽Dry rub이라는 밑간을 하는 과정에서 소금과 통후추 으깬 것, 카옌페퍼, 파프리카 가루, 칠리 가루 등을 고기 표면에 바르는 것이 전부다. 100℃ 정도의 온도에서 소고기는 8시간, 돼지고기는 3시간 정도 익혀야 속까지 부드럽게 익고 육즙과 연기의 향이 배어있는 바비큐 요리를 만들 수 있다.

▲ 스핏 로스팅Spit-roasting은 고기에 쇠꼬챙이를 꿰거나 철제 틀에 넣어 전면이 개방된 화덕에 태엽장치로 지속적으로 돌려가면서 골고루 고기를 굽는 방식이다

    레스토랑에서는 고기 내부까지 양념이 잘 배도록 섭씨 0~4℃에서 24시간 동안 저온 숙성을 한 후 약한 잔불의 직화에서 잔겨자, 레몬즙, 올리브오일을 섞은 액상소스 웻 럽wet rub을 고기 표면에 충분히 발라 한 번 더 굽는다. 이렇게 하면 고기를 더 맛있게 먹을 수 있다.

    고기가 불에 직접 닿는 그릴링 바비큐는 텍사스 바비큐가 아니라고 한다. 열과 연기로만 익혀야 고기의 콜라겐 성분이 젤처럼 변해 촉촉한 육즙과 풍미를 느낄 수 있다.

마이야르 반응과 캐러멜화가 이루어낸 깊은 맛

날 것과 익힌 것의 차이는 야생과 문명을 가른다. 그 중간에서 인류는 불을 선택했다. 불은 신석기시대부터 요리에 이용되면서 건조와 저장을 가능하게 하고, 영양분의 섭취를 급격히 증대시켰으며 더불어 생활 양식까지 향상시키는 중요한 매개가 됐다.

바비큐 요리용으로는 근육조직과 지방질이 적절히 섞인 소고기를 선택해 첫번째 늑골 부위에서 열세번째 늑골 부위까지의 갈비 아랫부분 살코기인 차돌양지 부위를 최고로 친다. 바비큐를 했을 때 약간 단단하면서도 부드럽고 감칠맛이 난다. 고기를 불에 구우면 마이야르Maillard 반응과 캐러멜화Caramelization가 진행되어 맛있는 갈색으로 변하면서 구수한 향과 깊은 맛이 느껴진다.

화학적으로는 아미노산의 아미노기와 환원당의 카보닐기가 축합해 새로운 물질을 만들어 내는 현상이다. 캐러멜화는 당류가 일으키는 산화반응에 의해 생기는 현상으로 고기가 한층 고소해지고 맛있게 진한 색으로 변하게 한다.

[도서]

마빈 해리스 『음식문화의 수수께끼』 한길사, 1992
장 앙텔름 브리야 사바랭 『브리야 사바랭의 미식 예찬』 르네상스, 2004
박연선 『색채용어사전』 도서출판 예림, 2007
한국식품과학회 『식품과학기술 대사전』 광일문화사, 2008
허용덕·허경택 『와인&커피 용어해설』 백산출판사, 2009
마르셀 프루스트 『잃어버린 시간을 찾아서』 민음사, 2012
신성대 『품격경영』 동문선, 2014
이동귀 『너 이런 심리법칙 알아?』 21세기북스, 2016
이민규 『끌리는 사람은 1%가 다르다』 더난출판사, 2017
엘리자베스 길버트 『먹고 기도하고 사랑하라』 민음사, 2017
Schachtman, Todd; Reilly, Steve 『Associative learning and conditioning theory : human and non-human applications』 Oxford University Press, 2011

[그 외]

삼성서울병원 건강상식 『식물속 에너지, 파토케미컬』
통계청 『2015 한국표준질병 사인분류』 2016
푸드매거진 REAL FOODS 『음식에도 딱 맞는 온도가 있다?』 2017.03
Center Rachel Herz 『Are odors the best cues to memory? A cross-modal comparison of asciative memory stimuli』 Monell Chemical Senses, 1998
Oxford University&Federation University Australia 『Is your coffee too bitter? Change the colour of your cup! Blue and transparent mugs make drinks taste sweeter』 Daily Mail, 2014.11.26.
Severson, Kim 『Seduced by Snacks? No, Not You』 The New York Times, 2016.10.11.
Leonhardt, David 『Your Plate Is Bigger Than Your Stomach』 The New York Times, 2017.06.26
https://www.pizzanapoletana.org
https://www.sehint.com